Heinz Harling

Alles fließt

Geschichte und Geschichten einer Firma

1. Auflage 2020
Veröffentlicht bei PublikomZ GmbH, Kassel
© April 2020

Layout und Satz: PMGi – Die Agentur der
Print Media Group GmbH & Co. KG, Hamm
Druck: Griebsch & Rochol Druck GmbH, Hamm
Verlag: PublikomZ GmbH, Kassel
ISBN 978-3-00-065681-1

Printed in Germany

„Sich vom Alten zu dem zu bewegen,
was kommen wird, ist die einzige Tradition,
die es wert ist zu pflegen.“
Marcus Wallenberg
(1899-1982)

Inhaltsverzeichnis

Prolog

Firmengeschichten sind in aller Regel hübsche, entzückend positive, leider aber auch oft recht langweilige Erfolgsgeschichten. Das gilt zumindest für Unternehmen, die es durch eine Reihe glücklicher Umstände irgendwie geschafft haben, auch nach 50 Jahren noch zu existieren.

Wenn wir uns in diesem Buch beispielhaft der Geschichte der technotrans SE zuwenden, dann allerdings nur vordergründig wegen des allzu simplen Aspektes, aus wie vielen Zufällen – und natürlich auch ein wenig Strategie – ein ganz ordentlicher Konzern entstehen kann. Hier soll nämlich den Problemen, Schwierigkeiten und kleinen Menschlichkeiten der gebührende Raum eingeräumt werden, damit die ganze Sache auch etwas mit der Realität zu tun hat. Das alles natürlich mit dem gebotenen Abstand und leichten Augenzwinkern erzählt, denn auch der Spaß kam sicher beim Arbeiten nicht zu kurz und sollte es selbstverständlich ebenfalls nicht beim Lesen.

Es liegt in der Natur der Sache, dass diese Chronik auch ein Porträt der wirtschaftlich/industriellen Zeitgeschichte zum Ende des 20. und zu Beginn des 21. Jahrhunderts ist. Bestenfalls kann sie hier und da sogar als Ratgeber oder Ideenbuch zukünftiger Unternehmensgeschichten herhalten. Schließlich kann man aus den hier geschilderten großen und kleinen Fehlern lernen und ein paar Ideen scheinen nicht unbedingt die Schlechtesten gewesen zu sein.

Ausgehend von ersten Schritten als Nebenerwerbsbetrieb in der sprichwörtlichen Garage in tiefster westfälischer Provinz werden Sie einen fast abenteuerlich anmutenden Weg verfolgen können. Ein Weg über viele, teils verschlungene Entwicklungsschritte vom Familienbetrieb zu einem erfolgreichen, international tätigen, börsennotierten Industriekonzern. Ein Weg, gepflastert mit zahllosen Versuchen in verschiedenen Branchen und Kompetenzfeldern, auf dem man irgendwann zur strategischen, technischen und kulturellen DNA des Unternehmens fand, die es heute trägt. Wie geht so etwas eigentlich vor sich? Was muss passieren, damit sich diese

6

Gene entwickeln können? Und vor allem: Was darf man nicht machen? Ein paar Antworten darauf finden Sie in diesem Buch.

Diese Entwicklung vollzog sich weder gradlinig noch wurde sie immer konsequent verfolgt. Hier und da konnte man sogar den Eindruck gewinnen, dass alle Fehler, die zu machen waren, auch gemacht worden sind. Glücklicherweise aber meist nur ein Mal. Natürlich sieht im Nachhinein vieles nach einer großen Strategie oder einem übergeordneten Plan aus. Den gab es nicht immer und gibt es auch heute bisweilen nicht. Es ist vielmehr die am Ende meist erfolgreiche Entwicklung eines Unternehmens in den Möglichkeiten seines Umfeldes, mit den gegebenen Ressourcen unterschiedlichster Natur und natürlich in seiner Zeit.

Ohne Zweifel gibt es zahlreiche Firmen, die wesentlich schneller gewachsen und dabei noch viel größer geworden sind. Hunderte von App-Entwicklern, Internet-Handelsplattformen oder Dienstleistungsunternehmen machen das vor. Leider entpuppt sich in diesen Segmenten nur zu oft manch hochgelobtes Einhorn schnell als veritable Eintagsfliege. Das hier beschriebene Unternehmen entwickelt und produziert technisch anspruchsvolle Produkte. Produkte mit einem ordentlichen Lebenszyklus, die nicht selten die sehr speziellen Märkte weltweit dominieren. Dazu nutzt es keine „Rocket Science", sondern solide, aber innovative Technik. Das mag sich für manchen internetaffinen Hipster unserer Tage vollkommen langweilig anhören. In einem Punkt wird es sogar überraschen: Das Unternehmen fühlt sich mit diesem sicheren, breit aufgestellten Geschäftsmodell pudelwohl, ein Geschäftsmodell, welches es womöglich noch die nächsten 50 Jahre tragen kann.

Leider sind das dann aber auch Produkte, von denen man, wenn man als Mitarbeiter/in dieses Unternehmens abends nach Hause kommt, seiner Gattin, dem Gatten oder den Kindern nur schwer berichten kann, weil dessen Produkte kaum einer kennt. Machen daher auch Sie sich, verehrter Leser, keine Sorge: Sie werden in diesem Buch nicht übermäßig mit komplizierten technischen Details konfrontiert werden. Nur so viel, wie eben nötig und irgendwas mit Flüssigkeiten hat es auch immer zu tun – selbst im Titel dieses Buches.

Herausgekommen ist also eine hoffentlich spannende und unterhaltsame Unternehmensgeschichte der ganz besonderen Art, die in erster Linie von Menschen handelt, wovon auch sonst. Sie sind es ja, die eine Firma ausmachen. Daneben versucht das Buch, Ihnen als Leser Anregungen zu geben, wie man ein Geschäft entwickelt, beschreibt offen, welche Fehler man machen kann, wie man aus diesen Fehlern lernt und wie man sich bietende Chancen nutzt. Dabei wird auch nicht vergessen, zu dokumentieren, dass es Glück braucht, um erfolgreich zu sein und um zur rechten Zeit am rechten Ort zu sein. Kurz: Wie man Zukunft gestaltet und sich von ihr gestalten lässt.

Die Struktur dieses Buches ist der Natur der Sache entsprechend chronologisch angelegt. Um es jedoch auch möglichst interessant, sprich themenorientiert, anzulegen, wird darauf hier und da in Einzelabschnitten verzichtet. Dies dient lediglich dazu, einzelne Themenkreise abzuschließen und nicht im luftleeren Raum hängen zu lassen.

Freuen Sie sich also auf eine lustvolle Zeitreise voller interessanter, informativer und hier und da vielleicht sogar lehrreicher Geschichten. Um aber auch dem ohne Zweifel bestehenden technischen und historischen Anspruch dieses Buches gerecht werden zu können, finden Sie dort, wo es angebracht erschien, Fußnoten mit Erläuterungen und Quellennachweisen.

Als Autor dieses Buches, der ich fast 40 Jahre diese Geschichte in unterschiedlichen Funktionen mitprägen durfte, habe ich mit großem Nachdruck versucht, mich selbst in eine faire Reihe zu stellen mit den Protagonisten vor, in und nach meiner mehr oder weniger aktiven Zeit im Unternehmen. Protagonisten, die alle zusammen das Unternehmen mitgestaltet haben und ohne die es heute nicht das wäre, was es ist. Ferner wurde das Gesamtskript den meisten noch lebenden und im Buch beschriebenen Akteuren zur aktiven Durchsicht vorgelegt. Deren zahlreiche Korrekturen und Ergänzungen wurden ausnahmslos und gewissenhaft eingepflegt. Dass dies am Ende bei allem intensiven Bestreben um Objektivität in Teilen auch ein subjektives Buch geworden ist, liegt in der Natur der Sache und ist dem verständlichen Wunsch des Verlages und sicher auch des Lesers nach Authentizität geschuldet.

Das Wichtigste zum Schluss: Viel zu oft wird in diesem Buch von den leitenden Personen der Firma die Rede sein. Dabei haben vom ersten Tage an zunächst einzelne, dann Hunderte und später weit über 1.500 Mitarbeiterinnen und Mitarbeiter den Erfolg des Unternehmens ermöglicht und entscheidend mitgeschrieben. Ohne sie und ihren Einsatz wäre diese ganz und gar ungewöhnliche Geschichte überhaupt nicht denkbar gewesen. Ihnen gebührt daher vor allem an dieser Stelle heute und in Zukunft ganz besonderer Dank und Anerkennung.

Sassenberg, im März 2020
Heinz Harling

1. Kapitel
Mut und Wahnsinn
Eine freie Garage reicht – vorerst.
(1970-1974)

„Es ist besser, unvollkommen anzupacken,
als vollkommen zu zögern."
Thomas A. Edison
(1847-1931)

Die Gründung eines Unternehmens ist ein Akt unbändigen Mutes und vielleicht auch einer gehörigen Portion Wahnsinn. Aspekte, die in der Regel fröhlich miteinander einhergehen. Der Wunsch, ein Unternehmen sein Eigen nennen zu können, sich und seine Ideen zu verwirklichen, erscheint in den Köpfen der oder des Gründenden in leuchtenden Farben. Er macht die Sicherheit und Annehmlichkeiten des Angestelltendaseins vergessen und blendet die großen Risiken dieser Selbstständigkeit fast vollständig aus. Das ist auch gut so, denn sonst würden sich bald keine wagemutigen Menschen mehr finden, die sich auf diesen gefährlichen Weg machen und damit die erfolgreiche Wirtschaft eines Landes prägen.

Harsewinkel als den Nabel der Welt zu bezeichnen erscheint gewagt. Es liegt mit seinen gut 24.000 Einwohnern so ziemlich auf der Mitte zwischen Gütersloh und Münster und man hat fast den Eindruck, dass das ganze Dorf sich um den größten Arbeitgeber schart: die Firmenzentrale und den Hauptproduktionsstandort der Fa. Claas OHG[1]. Deren Mähdrescher und Landmaschinen sind das weltweit bekannte Produkt dieser Kleinstadt, haben sie über mehr als ein Jahrhundert geprägt und tun das auch heute noch.

Hier arbeitete seit dem 1. Oktober 1961 der junge Ingenieur Franz Böhnensieker als Baugruppenleiter. Sein Aufgabengebiet bestand, wie nicht anders zu vermuten, in der Konstruktion von aufwendigen, aber leichten Blechkonstruktionen. Ein Mähdrescher ist nun mal eine ziemlich große Arbeitsmaschine, die eine

---

1 Der Umsatz betrug im Geschäftsjahr 2018 ca. 3,89 Mrd. €; Quelle: Geschäftsbericht des Unternehmens.

technisch komplexe Tätigkeit auf dem oft weichen Boden eines Feldes verrichten soll, ohne dabei in Selbigem zu versinken.

Geboren wurde Böhnensieker am 19. Juni 1933 als erstes von später bemerkenswerten sieben Kindern eines Stellmachers und Nebenerwerbslandwirts in noch tieferer Provinz, nämlich in Wellingholzhausen, einem kleinen Ort im nicht sonderlich weit von Harsewinkel entfernten Teutoburger Wald. Nach der Schulausbildung, die damals nach acht Jahren üblicherweise schon ihr frühes Ende fand, lag für den technisch interessierten Jungen vom Lande eine Ausbildung zum Landmaschinenschlosser bei einem lokalen Kleinunternehmen[2] nahe.

Nach Abschluss dieser Lehre im Jahre 1951 blieb er noch zwei Jahre dort als Geselle. Dann zog es ihn in die große Stadt, was in dieser Gegend Osnabrück bedeutete, und nahm eine Stelle als Monteur bei der dortigen Landwirtschaftlichen Zentralgenossenschaft, Abteilung Landmaschinen an. Hier machte zur gleichen Zeit ein junges hübsches Mädchen eine Ausbildung zur Großhandelskauffrau, der er auch bald den Hof machte – ein Ausdruck, der in dieser bäuerlich geprägten Gegend seiner eigentlichen Bedeutung weitaus näherkommt als sonst irgendwo. Dieses Mädchen mit Vornamen Josy wird uns im Verlaufe der nächsten Kapitel dieses Buches noch öfter begegnen. Sie würde später seine Frau werden und tauchte in der Fußzeile von Rechnungen und Briefbögen sogar manchmal als Geschäftsführerin auf, dann aber oft unter ihrem „richtigen" Namen Josepha, den weder sie noch irgendjemand anderes je nutzte.

Fünf Jahre verbrachten die beiden quasi gemeinsam in diesem Unternehmen, Franz in der Werkstatt und Josy im Büro. Immer, wenn Josy zur einzigen Mitarbeiter-Toilette des Betriebes musste, führte sie der Weg durch die Werkstatt, von Franz Böhnensieker aufmerksam beobachtet. Erste Verabredungen folgten schnell und ein junges Glück nahm seinen Lauf.

Ein erneuter Stellenwechsel führte ihn 1957 zur Fa. Hagedorn, einem kunststoffverarbeitenden Betrieb, ebenfalls in Osnabrück,

---

2 Fa. Stieve Landtechnik, Wellingholzhausen

während Josy noch weiter in der Landwirtschaftlichen Zentralgenossenschaft verblieb. Als vorherrschendes Ereignis der nur knapp zwei Jahre während und beruflich ansonsten wenig bemerkenswerten Zeit in diesem Unternehmen darf wohl im August 1958 die Heirat mit seiner Josy gelten. Der Polterabend fand ausgerechnet am Buß- und Bettag dieses Jahres statt, ein Indiz zu Franz' recht gehörigem Abstand zur Kirche und nicht nur deren üblichen Festtagen.

Die zu dieser Zeit noch vorherrschende Wohnungsnot in vielen größeren Städten zwang beide dazu, sich eine bescheidene Zwei-Zimmer-Wohnung in Borgloh, einem kleinen Ort sieben Kilometer entfernt von Osnabrück, zu nehmen. Aber Franz hatte zu diesem Zeitpunkt ja schon ein Auto, ein zwar etwas klappriger Fiat 500, den er sich zurechtgebastelt hatte. Seiner Josy hatte er einen kleinen Roller eher gebaut als gekauft, damit auch sie nach Osnabrück kommen konnte. Josy liebte sein Improvisationstalent und seine Begeisterungsfähigkeit, was sie auch gern über seine Launenhaftigkeit hinwegsehen ließ.

Schon 1959 zog es Franz Böhnensieker zur Fa. Fettkötter, ebenfalls in Osnabrück, einem Kühlanlagenbauer, welcher sich auf die Bedienung von Fleschereibetrieben spezialisiert hatte. Die pure Aufzählung dieser und weiterer beruflicher Stationen wird uns später immer mal wieder in Erinnerung gerufen werden. Mancher Kreis wird sich schließen, auch ohne dass man vermuten darf, dass eine große berufliche Entwicklungsstrategie oder ein vorgefasster Plan dahinterstand. Es scheint wohl bei einigen Menschen so etwas wie einen beruflichen Magnetismus zu geben, der ihn irgendwann genau an die Stelle führt, die für ihn geeignet ist – und manchmal sogar einen Schritt darüber hinaus.

Mitten in diesen beruflichen Wanderjahren begann Franz Böhnensieker eine auf sechs Semester angelegte Abendschulausbildung an einer höheren Fachschule, dem Vorläufer der heutigen Fachhochschulen, zum Betriebstechniker, eine überaus anstrengende Zeit der Doppelbelastung, die er am 31. März 1961 mit Erfolg abschließen konnte. Diese berufliche Qualifikation gestattete ihm später, die Berufsbezeichnung „Ingenieur" zu führen, eine

Berufsbezeichnung, der er im späteren beruflichen Leben noch alle Ehre machen sollte.

Vielleicht lag es auch an den Strapazen dieser Abendschulausbildung, dass seine beiden letzten beruflichen Stationen zusammen nur etwas mehr als zwei Jahre dauerten. Mit dem hart erkämpften Abschluss in der Tasche heuerte er sodann bei der Fa. Paals Packpressenfabrik, ebenfalls in Osnabrück, an. Diesmal fand er sich allerdings schon nicht mehr im Blaumann eines Monteurs wieder, sondern mit weißem Hemd und Kragen als Technischer Zeichner am Zeichenbrett des Konstruktionsbüros. Natürlich hatte diese wie alle vorigen Bewerbungen wieder seine Josy geschrieben, denn der „Schreibkram" gehörte nicht zu seinen Stärken und würde es auch in Zukunft nicht mehr werden. Dennoch hielt es ihn auch hier nur etwas weniger als zwei Jahre. Wer mag, erkennt inzwischen schon mehr als deutlich den unruhigen und suchenden Geist, der viele Unternehmer auszeichnet.

So kam es, dass ihn seine erste wirkliche Ingenieurstelle im Herbst 1961 zu Claas nach Harsewinkel führte. Ein Arbeitsumfeld landwirtschaftlicher Maschinenproduktion, noch dazu von komplexen Maschinen von veritabler Größe, dass ihn aufgrund seines familiären und inzwischen auch beruflichen Hintergrundes sehr wohl lag. In seiner Position als Baugruppenleiter in der Neuentwicklung beschäftigte er sich u. a. mit der Dresch- und Siebtechnik von Mähdreschern, einem Bereich, wo es vorrangig um diffizile Blechkonstruktionen ging.

Und endlich lag ihm, dem Bauernjungen aus dem Teutoburger Wald, auch die große weite Welt zu Füßen. Überall, wo Mähdrescher auf den Feldern Europas unter den ungewöhnlichsten Rahmenbedingungen die verschiedensten Feldfrüchte ernten sollten, müssten natürlich Dreschversuche gemacht werden und Franz Böhnensieker befand sich meist mittendrin. Diese Aufgabe führte bald zu derart vielen Reisetätigkeiten, dass Josy den im Jahre 1968 anstehenden Umzug in das in Harsewinkel neu gebaute Haus fast vollkommen allein managen musste. Schließlich kündigte sich auch bereits Nachwuchs an und Termine dieser Art sind nun einmal von der Natur vorgegeben und hielten sich schon damals nicht an die betrieblichen Bedürfnisse eines großen Mähdrescherherstellers.

Doch auch diese eigentlich interessante Tätigkeit stellte ihn nach ein paar Jahren nicht zufrieden, zumal nur ein sehr langsamer Karriereweg vorgezeichnet schien. Ihm stand vielmehr der Sinn danach, auf die Dauer etwas Eigenes auf die Beine zu stellen. Da er als ein etwas ungeduldiger und bisweilen auch etwas unsteter Charakter galt, der gerne hier und da aneckte und sich sehr ungern Vorschriften machen ließ, wäre ihm wohl die ganz große Karriere in diesem Unternehmen sowieso auf Dauer verwehrt geblieben.

Hinzu kam, dass in den späten 60er-Jahren des vorigen Jahrhunderts bei Claas eine Auftragsflaute hereinbrach, die ein schnelles Fortkommen in dieser Firma auf Sicht äußerst unwahrscheinlich werden ließ. Also sondierte er unablässig die Möglichkeiten, sich von seinem damals schon großen und weltbekannten Brötchengeber abzusetzen.

Eine erste ernsthafte Gelegenheit ergab sich aber erst 1969, ausgerechnet kurz nachdem sein Sohn Roger als zweites Kind das Licht der Welt erblickt hatte. Durch einen persönlichen Kontakt zur Inhaberin einer kleinen Gütersloher Firma[3], welche sich mit Apparate- und Sondermaschinenbau beschäftigte, die ihren Betrieb nicht nur deutlich erkennbar veräußern wollte, sondern auch Franz Böhnensieker Hoffnungen machte, diesen übernehmen zu können. Immer wieder wurde aufs Neue verhandelt mit dem Ergebnis, dass die Dame sich nie wirklich entscheiden konnte diesen Schritt nun auch wirklich zu tun. Noch dazu taten immer höhere Kaufpreisvorstellungen ihr Übriges, sodass Böhnensieker irgendwann dieses Vorhaben vollkommen entnervt aufgab. Die Ironie der Geschichte wollte es, dass er sich selbst viele Jahre später in genau einer solch indifferenten Situation wiederfand, wie zu diesem Zeitpunkt und mit dieser Dame. Er würde genauso unentschlossen reagieren, immer neu verhandeln, immer neue Vorstellungen for-

---

3   Fa. Schröder, dieses Unternehmen existiert heute nicht mehr.

mulieren und damit wiederum auch sein gesamtes Umfeld fast in den Wahnsinn treiben.

Ein Ausweg musste her und den sah er in der Gründung einer eigenen Firma. Es sollte natürlich irgendetwas mit Blech zu tun haben, Blech als Kernkompetenz! Dieser zunächst etwas ungewöhnlich erscheinende Aspekt wird uns in den späteren Kapiteln dieses Buches immer mal wieder begegnen, nicht immer nur im positiven Sinne. Am 1. Oktober 1970 begann dann schließlich eine lange und, wie wir noch sehen werden, äußerst facettenreiche Firmengeschichte. Franz Böhnensieker gründete zusammen mit seiner Frau Josy in Harsewinkel die Fa. BMK[4], aus der später nach zahlreichen, im Rückblick heute höchst überflüssig erscheinenden Umfirmierungen, die technotrans SE entstehen würde.

Das Ganze sollte selbstverständlich finanziell nicht zu risikoreich werden, denn genügend Geld für eine groß angelegte Unternehmensgründung fehlte und die Kreditvergabe von Banken an Existenzgründer von Böhnensiekers Prägung konnte man getrost vergessen. Der heute überall interessiert Aufmerksamkeit erregende Begriff „Start-up" war schließlich noch nicht geprägt. Weder gab es ein wie auch immer geartetes Geschäftskonzept, welches diesen Namen verdiente, noch einen Businessplan. Dafür gab es aber einen unbedingten Willen zum Erfolg, den Willen ein Unternehmen sein Eigen nennen zu können und sich von niemandem mehr hineinreden zu lassen.

Man wählte daher kurz entschlossen als Firmensitz die Garage des Harsewinkeler Wohnhauses und das Wohnzimmer wurde zum Teilzeit-Büro umfunktioniert. Ein zeittypisches Büro, in dem eine in die Jahre gekommene mechanische Schreibmaschine, ein graues Telefon mit Wählscheibe und Kabel sowie ein mechanischer Tischrechner mit den vier Grundrechenarten die technische Grundausstattung bildeten. Der Personal Computer und das Internet[5] mussten ja schließlich erst noch erfunden werden.

---

4 Böhnensieker Maschinenbau Konstruktionsbüro

5 Der Vorläufer des Internets, das Arpanet, bestand zwar schon seit 1969, spielte aber nur im militärischen und universitären Bereich eine Rolle.

Die Garage in Harsewinkel, in der alles begann

Als erster Kunde konnte die Fa. Beckhoff in Gütersloh-Verl gewonnen werden, für die das junge Unternehmen Laufbänder und
Montagetische konstruierte und baute. Ein Arbeitstag sah in aller Regel so aus, dass Franz Böhnensieker tagsüber in Tausenden
Kilometern Reisetätigkeit versuchte, Aufträge aller Art zu akqui-
rieren, und nachmittags wurde mithilfe von Josy, Freunden und
Nachbarn oft bis spät in den Abend das zusammengebaut, was der
Chef nebenbei konstruiert hatte. Freunde und Nachbarn, die übrigens später fast ausnahmslos langjährige Beschäftigte des Unternehmens werden sollten.

Im Nachhinein fällt es schwer, bei der Vielzahl der unterschiedlichen Produkte, die damals diese Garage verließen, eine grobe
technische Richtung oder gar Kernkompetenz zu erkennen. Was
man aber schon feststellen konnte, war, dass die konkrete Konstruktion, Fertigung und eigentliche Technik der Produkte – die
meist nach ausdrücklicher Vorgabe seiner Kunden geschah – immer im Vordergrund standen. Übergeordnete Aspekte, wie zum
Beispiel eine echte Analyse des relevanten Marktes, sprich der
möglichen Kunden und Wettbewerber, oder gar die Suche nach

echter Innovation, einem Vertiefen in alle technischen Aspekte, blieb meist auf der Strecke. So jagte eine neue Idee die andere.

Dennoch wurde die Garage schnell zu klein und das junge Unternehmen zog schon 1971 in eine leer stehende Halle der Fa. Simprop[6] in Harsewinkel. Hier war in einem Teil des Gebäudekomplexes zeitgleich auch die Fa. Schmelter & Claas[7] als Mitmieter untergebracht. Sie produzierte damals noch übliche große Kommunikationspulte, vorrangig für Krankenhäuser und Haftanstalten, hatte sich aber mehr der Elektrik und Elektronik verschrieben und weniger dem Blech drumherum. Böhnensieker bot sich an, diesen dort ungeliebten Blechbau zu übernehmen. Er zeichnete und konstruierte an den Feierabenden, ließ in Betrieben meist vor Ort die Komponenten fertigen und baute mit seinem kleinen Team so die ersten Kommunikationszentralen zusammen.

Natürlich reichte das, was Schmelter & Claas an Aufträgen zu bieten hatte, dem ambitionierten Unternehmer nicht aus. Auftragsarbeiten, Eigenkonstruktionen, komplex oder weniger komplex – was damals an Produkten die Halle verließ, stellt heute auch das in der Regel ordentlich strukturierte Hirn eines Chronisten auf eine harte Probe: Gülleschieber für Stallanlagen, großformatige Sägen für Aluminiumbleche und Alu-Transportkoffer für den Transport von Druckformen für den Bertelsmann Konzern in Gütersloh, um hier nur die Wichtigsten zu nennen. Letztere stellten übrigens die erste, noch zaghafte Berührung mit der Druckindustrie dar, die später das Unternehmen einmal in damals noch ungeahnter Weise dominieren sollte.

Gelegentlich gilt für junge Firmen damals wie heute ein abgewandeltes Zitat von Bertolt Brecht: „Erst kommt das Fressen und dann kommt die Moral."[8] In diesem Zusammenhang könnte es

---

6 Simprop Elektronik ist ein renommierter Hersteller von Funkfernsteueranlagen für den Modellbau; www.simprop.de.

7 Einer der beiden Inhaber, Walter Claas, war Sohn von Franz Claas, einer der vier Brüder, die seinerzeit die Fa. Claas Landmaschinen gründeten.

8 Bertold Brecht (1898-1956), Zitat aus der 1928 entstandenen Dreigroschenoper

heißen: „Erst kommt der Umsatz und dann kommt die Strategie." Was nutzt es dem Kleinunternehmer, wenn er eine tolle Geschäftsidee hat, oder sei es auch nur eine bestimmte technische Vorliebe, wie bei Böhnensieker die Blechverarbeitung, wenn der Laden damit nicht laufen kann. So reiste er denn tagein tagaus durch die Lande und nahm alle verfügbaren Aufträge an.

Diese Art des organischen, aus sich selbst finanzierenden Unternehmensaufbaus sollte viele Jahrzehnte später ambitionierten Gründerinnen und Gründern nicht mehr opportun erscheinen, besonders, wenn sie sich in schnell verändernden Märkten oder Technologiebereichen bewegen. Dann würde die möglichst schnelle Gewinnung von Marktanteilen im Vordergrund stehen und das Geldverdienen zunächst sogar in weite Ferne rücken. Dieser Chef dachte anders und investierte nur, wenn das Geld dazu vorher verdient worden war. Ein ebenso charmanter wie vitaler Ansatz für ein junges Unternehmen, das nur knapp finanziert war und vorhatte, das nächste Geschäftsjahr noch in halbwegs ordentlicher Verfassung zu erleben.

Irgendwann, so träumte Böhnensieker damals schon, würde seine kleine Firma auch ein richtiges Zuhause bekommen. Ein eigenes Gebäude, wenn möglich sogar mit Expansionsmöglichkeiten, Büro und Parkplatz für den Chef inklusive.

2. Kapitel
Fast eine richtige Firma
... und noch mehr Provinz
1975-1980

„Wer will, findet Wege, wer nicht will, findet Gründe."
Götz W. Werner
(geb. 1944)

Es gehört wohl zu den anspruchsvollsten, sicher aber auch lohnendsten Aufgaben einer Kommune oder Stadt, in engagierter Weise mit ansiedlungswilligen Unternehmen zu kooperieren, ihnen alle Wege zu ebnen, auch wenn diese Firmen noch sehr klein und schrecklich unbedeutend sind. Aus Kleinem kann Großes entstehen, man weiß es nur noch nicht. Was man aber sicher weiß: Macht man es nicht, ist auch jede Gelegenheit dazu vertan. So kann zum Beispiel ein überhöhter Preis für ein Gewerbegrundstück zwar kurzfristigen Gewinn versprechen. Langfristig wird es zur verpassten Chance für neue Arbeitsplätze, bessere gewerbliche Infrastruktur und mehr Gewerbesteuern.

Eine Garage gehört ja nun mal zum Gründungsmythos eines ordentlichen Unternehmens, so auch zu dem hier beschriebenen. Da alles recht gut lief, wurde sie aber schnell zu klein. Auch das Anmieten einer Halle half nur begrenzt weiter, denn die inzwischen 12 Mitarbeiter brauchten mehr Platz, um ihrer Arbeit nachzugehen. Also machte sich der Chef 1974 auf die Suche nach einem geeigneten Baugrundstück für eine kleine Halle. Die hätte er natürlich, kurze Wege im Blick, gerne in Harsewinkel errichtet. Dort zeigte sich aber keine Spur von auch nur halbwegs gezielter Wirtschaftsförderung. Außerdem drängte sich hier und da recht deutlich der Eindruck auf, dass seine neue Heimatstadt mit der Weltfirma Claas als Hauptmatador schon irgendwie rundum glücklich war, das amerikanische „fat and happy"[9] würde es hier besser treffen. Alle infrage kommenden freien Gewerbegrundstücke wurden, wenn denn überhaupt verfügbar, schlichtweg viel zu teuer für sein

---

9   engl.: „fett und glücklich"

junges Unternehmen angeboten – und so richtig interessiert daran, eine Neuansiedlung zu unterstützen, noch dazu von einem Ex-Claas Mitarbeiter, zeigte sich niemand.

Ganz im Gegensatz dazu gab es im nur wenige Kilometer entfernten Sassenberg[10] mit Bernhard Tarner einen äußerst rührigen Bürgermeister, der seine, bei realistischer Betrachtung, geringe Chance zu nutzen wusste; denn sonderlich attraktiv und wegen der langen Wege zu den Autobahnen verkehrsgünstig gelegen ist dieses Sassenberg genauso wenig wie Harsewinkel. Selbst eine dringend benötigte Ortsumgehung war zwar seit 10 Jahren geplant, würde aber, was man damals nicht wusste, noch weitere 10 Jahre auf sich warten lassen.

Luftaufnahme des ersten eigenen Firmengebäudes in Sassenberg

Tarner hatte jedoch einen überaus triftigen Grund, es nicht den Verantwortlichen seiner Nachbarstadt gleichzutun: Ähnlich wie Harsewinkel damals wie heute von Claas dominiert wurde, war die kleine Stadt Sassenberg früher durch einen landesweit berühmten

---

10 Kreis Warendorf, ca. 14.000 Einwohner

Betrieb geprägt worden, der Fa. Gebrasa[11], einer der führenden Wollspinnereien Deutschlands. Dieser Betrieb hatte aber leider schon zur damaligen Zeit seine Zukunft hinter sich. Vorausschauenderweise hatten die Stadtväter sehr früh mit dem neu ausgewiesenen Industriegebiet „Woeste"[12] ein attraktives Refugium für Neuansiedlungen geschaffen, in welchem sich auch schon unter anderen mit Saure Caravans[13] und Linnemann[14] einige respektable und später prosperierende Firmen niedergelassen hatten. Nach der ersten mündlichen Anfrage hatte Böhnensieker den Bürgermeister „an den Hacken", wie man hier im Münsterland sagt. Ein geeignetes Grundstück war schnell gefunden, Erweiterungsfläche inklusive, wenngleich diese, wie sich später herausstellen sollte, bei Weitem nicht ausreichen würde – und der Preis stimmte auch.

So entschied Böhnensieker sich, hier mit seiner Firma anzusiedeln und baute eine damals noch recht schmucklose Fertigungshalle von ca. 800 m2 mit ein paar integrierten Büroräumen, die schon im Herbst 1975 bezogen werden konnten. In zartem Beige mit dunkelbraun abgesetzten Elementen erinnerte dieser erste Bau das Umfeld noch eher an den zeittypischen Charme einer Eduscho- oder Tchibo-Niederlassung, als an einen Maschinen- oder Apparatebauer. So etwas wie Corporate Identity[15] stand damals noch nicht im Fokus. Schließlich ging es hier erst einmal darum, die Basis für ein richtiges Unternehmens zu legen.

Der Kontakt zu Schmelter & Claas war trotz des Umzugs nicht abgerissen. Dort hatte man inzwischen das Lieferprogramm für Krankenhäuser erweitert und suchte nach einem Produzenten für bestimmte Produkte, die man zwar nicht mehr herstellen, aber weiter vermarkten wollte. Es handelte sich dabei zunächst um

---

11 Gebrüder Rath, Sassenberg

12 plattdeutsch für Wüste

13 Hersteller der Lord Münsterland Caravans, später von der Hymer Group übernommen

14 später von der Fa. Bausch und dann von der Surteco Gruppe übernommen

15 gebräuchlicher engl. Begriff für Unternehmensidentität

Sterilisierboxen für medizinische Hilfsmittel und Werkzeuge in Krankenhäusern und Arztpraxen sowie Wandstrahler zur Bakterienabtötung, beides auf Basis von UV-Strahlung.[16] Diese Produkte sollten wenig später eine der Keimzellen eines kleinen Geschäftsbereiches des Unternehmens werden.

Der Chef erkannte das Potenzial dieser damals noch recht neuen Technik und begann eine eigene Produktlinie zu entwickeln, die sich nicht nur auf Krankenhäuser und Arztpraxen beschränkte. Natürlich war die Entkeimung mittels UV-Bestrahlung auch für andere Zwecke einsetzbar. Erste Kontakte in die Lebensmittelindustrie, in diesem Fall zur Fa. Rau aus Hilter im nahen Teutoburger Wald, einem der größten Margarineproduzenten Deutschlands, machten ihn mit den Problemen der Packstoffentkeimung bekannt. Ein gern kolportiertes Bonmot von Mitarbeitern dieser Branche heißt: „Margarineherstellung ist die Kunst, Wasser schnittfest zu machen." Da sind unerwünschte Keime nicht weit. Konkret ging es dabei zunächst um die Bestrahlung von Margarinebechern und -deckeln, um das Produkt länger haltbar zu machen bzw. vor dem Eintrag von Keimen zu schützen.

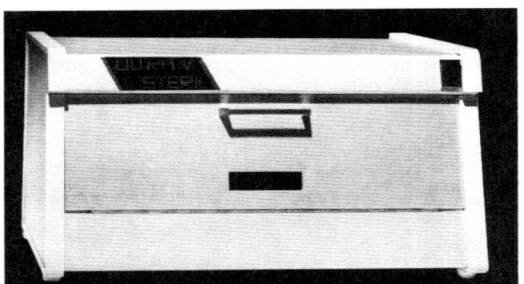

Frühe Produkte der UV-Technik: Sterilisierboxen für ärztliche Instrumente

Umtriebig wie der Firmenchef nun mal war, besorgte er sich dringend notwendiges Know-how bei einem promovierten Physiker[17],

---

16 UV-C Strahlung mit einer Wellenlänge von 253,7 nm hat die Eigenschaft, in einer bestimmten Dosisleistung Bakterien abzutöten. Auf die Keimabtötung mit chemischen Mitteln kann damit verzichtet werden.

17 Dipl. Physiker Dr. Otto Meerkamp

der dann auch einige Jahre freiberuflich für das Unternehmen arbeitete. Aus dieser Zusammenarbeit entstanden weitere Produkte wie z. B. Wasser- und Luftentkeimungsgeräte. Erstere versprachen den erfolgreichen Einsatz in unterschiedlichsten Branchen und halfen damit Böhnensieker, sich weiter zu verzetteln. Natürlich waren diese Bereiche nicht konkurrenzlos, sondern auch hier hatten sich zum Beispiel mit BBC[18] im Bereich der Wasserentkeimung und mit Leybold Heraeus in der Raumluftentkeimung schon äußerst starke Großunternehmen im Markt etabliert – was ihn aber leider, wie man rückblickend sagen muss, nicht davon abhielt, sein Glück in diesen Bereichen zu versuchen, ohne nur im Entferntesten die Ressourcen dafür zu haben, es mit diesen Wettbewerbern aufzunehmen. Vielleicht war es aber auch nur die Unvoreingenommenheit und das kleine Stückchen Wahnsinn, das es braucht, um Unternehmer zu sein.

Hier und da krönten wider Erwarten schöne Erfolge diese Aktivitäten, selbst wenn man sich das heute, in einer wesentlich perfektionistischer orientierten Welt, kaum noch vorstellen kann. Ausgehend von einer ersten Messeteilnahme seines Unternehmens, der Interhospital in Düsseldorf, gelang es Böhnensieker in monatelangen Verhandlungen einschließlich nachfolgender Bemusterungen, den Auftrag für die Lieferung fast der gesamten UV-technischen Ausstattung der damals neu errichteten Großkliniken in Aachen und Augsburg zu gewinnen. Beide Projekte standen für Umsätze und damit verbundenen Gewinnerwartungen, die einen Großteil der jeweiligen Jahresergebnisse ausmachten.

Hierbei machte Böhnensieker eine für ihn prägende Erfahrung, die später sogar einmal in die DNA[19] des Unternehmens eingehen würde: Großprojekte können charmant sein für den Umsatz und das Ergebnis eines Jahres. Sie führen aber auch automatisch zu

---

18 Brown Boveri Company, das Unternehmen hatte zur damaligen Zeit einen erfolgreichen Geschäftsbereich Wasserentkeimung in Hamburg.

19 Die DNA (Desoxyribonukleinsäure) ist Träger der Erbinformation aller Lebewesen und damit die materielle Basis der Gene.

einer Anpassung der Kapazitäten, die nach Abschluss dieses Auftrags einen erneuten Großauftrag erfordern oder das Unternehmen vor seriöse Probleme stellen. In den folgenden Jahren bemühte er sich mit dieser schmerzlichen Erfahrung im Gepäck immer weniger um solche Großaufträge und suchte sein Geschäft lieber im kleinteiligerem, aber kontinuierlichem Umsatz.

In diese Zeit fiel auch eine andere Auftragskonstruktion für Mohndruck, eine Konstruktion, die das Unternehmen im Laufe der nächsten vielen Jahre überaus grundlegend verändern sollte: Ein Mitarbeiter des damals noch recht großen technischen Stabes der Fa. Mohndruck, ein entfernter Nachbar der Böhnensiekers aus Harsewinkel, war mit einer vollkommen neuen Produktidee auf ihn zugekommen. Man hatte in der Vergangenheit Versuche gestartet, das im Offsetdruckprozess[20] benötigte Feuchtmittel[21] effizienter einzusetzen und z. B. mittels einer UV-Wasserentkeimung länger keimfrei zu halten. Wie sich herausstellte, funktionierte das aufgrund der im Feuchtmittel enthaltenen Chemikalien nicht wie gewünscht. Eine andere Idee sollte aber ein echter technologischer Durchbruch werden:

Offsetdruckmaschinen sind so aufgebaut, dass jede der in der Regel vier Grundfarben einzeln mittels eines gesonderten Druckwerks nacheinander auf das Papier aufgebracht wird. Jedes dieser Druckwerke besitzt ein Feuchtwerk und ein Farbwerk.

Hier gelang es der US-amerikanischen Fa. Dahlgren[22], Mitte der 1960er-Jahre ein sogenanntes Alkohol-Filmfeuchtwerk zu

---

20 Das Offsetdruckverfahren geht historisch aus dem Steindruck bzw. der Lithographie hervor und ist heute das weltweit dominierende Druckverfahren. Es bietet im Auflagendruck hervorragende Druckqualität zu geringen Herstellungskosten.

21 Das Feuchtmittel wird im Offsetdruckprozess benutzt, um auf der Druckplatte die druckenden von den nichtdruckenden Stellen zu trennen. Die Druckplatte wird im Feuchtwerk an den nichtdruckenden, oliophoben Stellen mit Feuchtmittel benetzt und an den druckenden, oliphilen Stellen im Farbwerk mit der ölbasierenden Druckfarbe.

22 Das Patent hierzu wurde 1963 von Harold P. Dahlgren eingereicht und konnte zunächst auch erfolgreich vermarktet werden. Wegen zu hoher Preise entwickelten Druckereibetriebe wie Mohndruck und später auch Druckmaschinenhersteller jedoch schnell eigene, auf diesem Prinzip basierende Lösungen.

entwickeln, welches es gestattete, einen besonders dünnen, exakt dosierbaren und homogenen Feuchtfilm auf die Druckplatte aufzutragen. Auch erste hinter der Druckmaschine stehende Feuchtmittelversorgungen dieser Feuchtwerke entwickelte Dahlgren zunächst ebenfalls. Diese wurden aber später von einem im Folgenden noch näher beschriebenen Unternehmen zugekauft.

Zu dieser Zeit war es üblich, dass jedes Feuchtwerk von einem eigenen, sogenannten Feuchtmittel-Aufbereitungsgerät versorgt wurde, um Querkontaminationen, vorrangig aus Farbpartikeln, zu vermeiden.

Dieses Gerät hatte zunächst die Aufgabe, die Inhaltstoffe des Feuchtmittels, der Hauptbestandteil ist Wasser plus einer Portion Isopropyl-alkohol und einem aus verschiedensten Chemikalien bestehendem Zusatzmittel, anzumischen. Diese Flüssigkeit musste dann gekühlt in einem kontinuierlichen Kreislauf durch das Feuchtwerk gepumpt und weitestgehend von den unvermeidlichen im Druckprozess entstehenden Farb- und Papierstaubkontaminationen gereinigt werden. So weit, so gut.

Die immer um eine Optimierung des Druckprozesses bemühten Mitarbeiter von Mohndruck dachten darüber nach, dass diese Technik, also eine Feuchtmittel-Aufbereitung pro Farbwerk, gegebenenfalls zu aufwendig wäre. Ein erster vorsichtiger Ansatz der später massiv um sich greifenden Standardisierung im Offsetdruck. Also wollte man einmal versuchen, alle Farbwerke einer Druckmaschine aus nur einem einzigen Gerät zu bedienen. Zweifelsohne wurde diese Idee zu dieser Zeit in der gesamten Druckindustrie, insbesondere von den Druckmaschinenherstellern selbst, aber auch von den damals noch überaus zahlreichen existierenden Herstellern solcher Feuchtmittel-Aufbereitungsgeräte, als vollkommen unmöglich angesehen.

Ein weiteres, besonders die Bedienungsmannschaft der Druckmaschinen vor Ort interessierendes Element stand ebenfalls im Lastenheft: Die Kühlung des Feuchtmittels erfolgte zu dieser Zeit ausschließlich durch ein ganzes Paket von mäanderförmig im Gerätetank verlegte Kühlschlangen. Die allfällige zyklusmäßige

Reinigung dieses Tanks gehörte zu den unbeliebtesten Arbeiten an einer Druckmaschine. Schließlich sorgten die prima an allen Wandungen haftenden Verschmutzungen des Konglomerats aus Papierstaub und Farbe dafür, dass diese nur mit viel Aufwand und unter Einsatz von oft gesundheitsschädlichen Lösungsmitteln gereinigt werden konnten.

Wegen der technisch begrenzten Möglichkeiten bei Mohndruck wurde nun also Böhnensieker aufgefordert, ein erstes Versuchsgerät für eine kleine Bogenoffset-Druckmaschine zu entwickeln. Um eine lange Geschichte kurz zu machen: Schon das erste Gerät funktionierte nach einigen Optimierungen in der Filter-, Kühl- und Pumpentechnik recht ordentlich. Lediglich die Kühlschlangen im Tank bereiteten noch Probleme. Hier ersann man einen durch den Pumpenkreislauf zwangsdurchströmten Wärmetauscher, der nicht nur die Reinigung der Geräte vereinfachte, sondern auch noch den Wirkungsgrad der Kältemaschine verbesserte. Diese noch äußerst rudimentäre Eigenkonstruktion des Wärmetauschers, funktions- und produktionstechnisch noch alles andere als optimal ausgeführt, sollte in den nächsten Jahren ein Bereich kontinuierlicher Verbesserung werden.

Natürlich konnte das Unternehmen nicht alle Komponenten dieser im Detail doch recht komplexen Anlage selber herstellen und musste wohl oder übel bei einem Wettbewerber, dem damaligen weltweit unbestrittenen Platzhirsch auf diesem Gebiet, der amerikanischen Fa. Baldwin Gegenheimer, einige Elemente[23] zukaufen. Damit geriet die Firma aber leider auch auf den Radar eines Unternehmens, welches später noch einige Überraschungen parat haben sollte, die die spätere Existenz des Unternehmens hätten massiv gefährden können.

Eine spezielle technische Lösung sei an dieser Stelle dabei besonders herausgegriffen, da sie symptomatisch für eine ganze Reihe von Entwicklungen werden sollte, die in den Folgejahren den

---

23 Hierbei handelte es sich zunächst um die Feuchtmittel-Mischanlage und den Alkohol-Konstanthalter.

Erfolg des Unternehmens ausmachen würden: Es handelte sich hierbei um ein Gerät mit dem etwas seltsamen Namen „Alkohol-Konstanthalter". Das Feuchtmittel besteht wie oben geschildert unter anderem aus Alkohol[24]. Alkohol hat eine unangenehme Eigenschaft: Er verdunstet schneller als Wasser, was jeder weiß, der schon einmal einen Schnaps über Nacht offenstehen gelassen hat. Der Alkoholgehalt muss also kontinuierlich und möglichst genau gemessen werden und von Zeit zu Zeit wird reiner Alkohol nachdosiert. Eine damals noch unlösbare Aufgabe für das junge Unternehmen, welche dadurch gelöst wurde, dass Mohndruck, sowieso in kontinuierlichem Kontakt zu Baldwin, dieses Bauteil zunächst dort orderte und Böhnensieker beistellte. Später liefen diese Geschäfte sogar direkt mit dem Wettbewerber ab, ein Zustand, der jedem langfristigen Erfolg des jungen Unternehmens auf diesem Gebiet zu dieser Zeit noch entgegenstand.

Es dauerte nicht lange, bis eine Druckmaschine nach der anderen in Gütersloh mit den neuen zentralen Feuchtmittel-Aufbereitungsgeräten ausgerüstet wurde. Das bedeutete, dass Geräte unterschiedlichster Größe und Leistung konstruiert werden mussten, was nach einer Weile schon fast wie eine richtige Produktpalette aussah. Später wurden dann sogar einige Tochterbetriebe von Mohndruck in Deutschland, Italien und Spanien auf diese Innovation aufmerksam, gefolgt von den ersten Interessensbekundungen anderer Druckereibetriebe. Sogar ein erster Druckmaschinenhersteller, die Koenig & Bauer AG[25], zeigte Interesse.

In diese Zeit fiel auch die Umbenennung des Unternehmens in fb-apparatebau Böhnensieker GmbH & Co. KG – länger und sperriger ging es wohl damals nicht und es sollte nur der Anfang

---

24 Genauer gesagt handelt es sich um Isopropylalkohol, welcher dem Feuchtmittel in der Regel in einer Konzentration von etwa 10 bis 15 % beigemischt wird. Dieser Alkohol unterstützt neben anderen vorteilhaften Effekten insbesondere den für die notwenige dynamische Emulsionsbildung des Feuchtmittels mit der Druckfarbe.

25 Die 1817 im Kloster Oberzell, in der Nähe von Würzburg, gegründete Druckmaschinenfabrik Koenig & Bauer gilt als der älteste Druckmaschinenhersteller der Welt und ist noch heute einer der drei größten Hersteller von industriellen Druckmaschinen.

Der Eingang des neuen Firmensitzes in Sassenberg

von zahlreichen, noch im Verlauf dieses Buches zu würdigenden weiteren Umbenennungen sein, die schlussendlich einmal zur technotrans SE führen sollten. Damals entsprach es scheinbar dem Wunsch Böhnensiekers, den Apparatebau etwas nach vorne zu stellen und die Rechtsform seiner Firma haftungs- und steuertechnisch zu optimieren. Ob Letzteres jemals gelang, ist heute nicht mehr zu ermitteln und erscheint eher zweifelhaft. Schon gar nicht war an einem griffigen, möglichst sogar international nutzbaren Firmennamen gedacht worden. So sorgte die meist vergebliche, halbwegs korrekte Aussprache des Firmennamens weiterhin in den nächsten Jahren bei den immer internationaler werdenden Kunden, allen voran Engländern, Amerikanern, Franzosen und Japanern, für fortwährende Heiterkeit unter den Beschäftigten.

Wenn der geneigte Leser nun meint, das bisher beschriebene und nicht wenig komplexe Produktprogramm wäre es nun schon gewesen, dann liegt er damit falsch. Rufen wir uns noch einmal in Erinnerung: Das Unternehmen beschäftigte seinerzeit 12 bis 14 Mitarbeiter. Dieser Umstand konnte sicher ein Indiz für die Kreativität und Begeisterungsfähigkeit des Firmeninhabers und seinen unbedingten Willen, die Firma zum Erfolg zu führen, sein. Sicher aber auch dafür, dass er dabei war, sich nun total zu verzetteln, was sich auch wenig später, durch das Wegbrechen der klinischen Großprojekte im Umsatz und Ergebnis zeigen sollte.

Wie die Produkte für die Druckindustrie, so entstammte der kleine Bereich „Aktiv Service" ebenso einer persönlichen Beziehung Böhnensiekers mit einem Mitarbeiter der Fa. Mohndruck. Das Unternehmen betrieb und betreibt auch heute noch mehrere Tiefdruckereien[26]. Dieses Druckverfahren arbeitet nicht wie der Offsetdruckprozess mit einer wegschlagenden, sprich mit in den Bedruckstoff einziehenden oder thermisch zu trocknender Farbe, sondern mit einer lösungsmittelhaltigen Farbe. Die Abluft dieses Druckprozesses muss demnach abgesaugt und das Lösungsmittel weitgehend zurückgewonnen werden. Das geschieht in sogenannten Absorbern, riesigen Zylindern, die in der Regel neben oder auf dem Dach dieser Druckereien platziert sind.

Diese lösungsmittelhaltige Abluft wird durch den mit Aktivkohlegranulat gefüllten Absorber geleitet und lagert sich dort an diese an. Turnusmäßig muss der dann mit Heißdampf gespült werden, womit das Lösungsmittel wieder aus der Aktivkohle gelöst und somit zurückgewonnen werden kann. Dummerweise verklebt das Aktivkohlgranulat mit der Zeit und muss entweder ersetzt oder behandelt werden. Diese Form der Behandlung erdachte sich Böhnensieker gemeinsam mit technischem Personal der Fa. Mohndruck.

Er konstruierte, vereinfacht gesagt, einen riesigen Staubsauger mit integrierter Siebtrommel von der Größe eines Kleinwagens. Dieses Ungetüm saugte die Aktivkohle aus dem Absorber, siebte den Feinstaub ab und sackte die Kohle für eine Wiedereinlagerung in den Absorber ein. Dass dieses durchaus kein triviales Unterfangen darstellte, wird jedem klar, der weiß, dass konzent-

---

26 Der Tiefdruck unterscheidet sich deutlich vom Offsetdruck. Hier ist das negative Druckbild mittels Gravur in einen Kupferzylinder eingebracht worden, die Farbe wird also direkt auf das Papier gedruckt und die Trocknung erfolgt durch die Verdunstung eines Lösungsmittels.

rierter Kohlenstaub bekanntlich überaus schnell dazu neigt, dass einem die unter Mühen konstruierte Anlage mittels einer gewaltigen Explosion um die Ohren fliegt. Hier bewährte sich einmal der inzwischen aufgebaute technische „Bauchladen" des Unternehmens. Seit Jahren vertrieb Böhnensieker so ganz nebenher druckluftbetriebene Vakuumpumpen[27], die sich zwar energetisch betrachtet für einen „Staubsauger" keinesfalls anboten, sich aber wegen ihrer Explosionssicherheit bestens für diesen Zweck eigneten. Der Rest der Technik, Siebtrommel & Co., war der eines Mähdreschers nicht unähnlich, womit wir wieder bei den Anfängen des Ingenieurslebens des Firmengründers sind.

Der Aktive Service bei einem Kunden in Aktion

Man kann heute rückblickend sagen, dass diese Anlage in den ersten Jahren ohne Zweifel eine kleine Gelddruckmaschine war. Ein enger Markt und erste aufkommende Wettbewerber ließen den Inhaber aber recht schnell am langfristigen Erfolg zweifeln und diesen Bereich im Rahmen der späteren, noch im Detail beschriebenen Konsolidierung des Unternehmens ein paar Jahre später an einen Geschäftsfreund verkaufen. Wie sich herausstellen sollte, würde das für Böhnensieker eine gute und für seinen Geschäftsfreund eine eher weniger gute Entscheidung sein.

---

27 Hersteller war die Fa. Piab, Schweden. Es handelt sich um Vakuumpumpen nach dem Venturi-Prinzip.

Vor der neuen Fertigungshalle in Sassenberg, v. l. n. r.: Josy Böhnensieker, Lothar Brandt, Franz Böhnensieker

Im Laufe des Jahres 1980 wurde es immer klarer, dass der Inhaber Unterstützung brauchte, um sein Geschäft zu entwickeln. Außerdem zeigte die Umsatzerwartung dieses Jahres, dass es wohl schwer sein würde, den Vorjahresumsatz zu halten, sogar ein Verlust war zu befürchten. Diese Befürchtung sollte sich später leider auch bewahrheiten. Unterstützung fand er mittels einer Anzeige am Schwarzen Brett der damaligen Gesamthochschule Paderborn, Abteilung Soest, im Fachbereich Maschinenbau. Ich las diese Anzeige als junger Mann, der gerade sein Studium als Werksstudent mit seiner Diplomarbeit bei der Fa. Hella[28] in Lippstadt abgeschlossen hatte, und bewarb mich spontan.

Wie Böhnensieker war ich ein Junge vom Lande, geboren 1954 als zweites von drei Kindern und aufgewachsen auf einem kleinen Bauernhof in der Nähe von Hamm. Auch der Besuch einer

---

28 Hella ist ein heute börsennotiertes Unternehmen der Automobil-Zulieferindustrie. Hauptprodukte sind neben vielen anderen Scheinwerfer, Heckleuchten, Sensoren und Elektronik.

nahen einklassigen Dorfschule beförderte zunächst keinesfalls große Träume in Richtung einer beruflich besonders nennenswerten Laufbahn. Nach dem Realschulabschluss und einer Lehre als Groß- und Außenhandelskaufmann in einer Großhandlung für Werkzeuge und Maschinen[29], musste ich recht schnell feststellen, dass mich die Werkzeuge und Maschinen, die es dort zu verkaufen galt, wesentlich mehr interessierten als der meiner Ansicht nach überaus langweilige Kaufmannsberuf an sich. Eine frühe Fehleinschätzung dieser für jeden Geschäftsbetrieb wichtigen Berufsgruppe, der ich auch später noch oft genug erliegen sollte.

Da zu diesen Zeiten auf Geheiß der Eltern gefälligst die Dinge abzuschließen waren, die man angefangen hatte, quälte ich mich zweieinhalb elend lange Jahre durch diese Ausbildung. Dies noch dazu in einem Betrieb, in dem man wegen seiner unglaublich altmodischen Strukturen eher lernen konnte, wie man sein Geschäft besser nicht führen sollte: Hierarchische Strukturen, die einem westindischen Handelsunternehmen im 19. Jahrhundert zur Ehre gereicht hätten, eine geradezu museale Geschäftsausstattung und die vollkommene Ignoranz technischer und wirtschaftlicher Entwicklungen des geschäftlichen Umfelds prägten es. Vollkommen zurecht verschwand es dann auch wenige Jahre später vom Markt und machte Platz für Firmen, die die Zeichen der Zeit erkannt hatten.

Dann erst konnte ich als frisch gebackener Kaufmann endlich diesem Beruf den Rücken kehren und meiner eigentlichen Neigung folgend die Fachoberschule und ein Ingenieurstudium aufnehmen. Trotz meines keinesfalls überbordenden Talents, speziell in den mathematischen Fächern, schloss ich es im Sommer 1980 im Alter von 25 Jahren halbwegs ordentlich als Diplom Ingenieur ab.

Die ersten wenigen Monate der großbetrieblichen beruflichen Erfahrung bei der Firma Hella hatten mich allerdings bereits erheblich negativ geprägt, ja sogar erste Zweifel an der zweiten Berufswahl aufkommen lassen. Viele Hierarchieebenen, unendliche Vorschriften, viel zu viele Angestellte mit fast beamtenhafter Mentalität und we-

---

29 Fa. Strey & Suermann, Hamm, dieses Unternehmen existiert heute nicht mehr.

nig Pragmatismus lähmten aus meiner persönlichen Sicht alles Fort-
schrittliche. Doch das Schlimmste war für mich, morgens ameisen-
gleich, zusammen mit 15.000 anderen Leuten, durch ein Werkstor zu
gehen. Das konnte nicht das Arbeitsleben sein, das ich mir vorgestellt
hatte. Und irgendetwas sollte es ja auch mit Vertrieb zu tun haben,
denn das war das Einzige, was mir schon in meiner quälend langen
Ausbildungszeit wirklich gefallen hatte. So kam es, dass ich mich
explizit nach einem kleinen Unternehmen umgeschaut hatte, in welchem ich noch „der Ingenieur" und damit viel näher an Technik und
Kunden sein konnte als das bei Hella meiner Meinung nach jemals
der Fall sein würde. Dass mir ausgerechnet diese Aspekte viele Jahre
später durch die Entwicklung des Unternehmens wieder abhanden-
kommen würden, konnte ich damals ja noch nicht wissen.

Natürlich präsentierte mir Franz Böhnensieker sich und sein
kleines Unternehmen im ersten Bewerbungsgespräch in seiner
gewinnenden Art in leuchtenden Farben. Dabei vermied er selbstverständlich geflissentlich den unwesentlichen Aspekt, dass sein
Baby gerade dabei war, in eine höchst veritable Ertragskrise zu
rutschen. Gleichzeitig vermied ich es, zu erwähnen, dass ich ganz
sicher nicht vorhatte, in diesem ungewöhnlichen Unternehmen mit
dieser fast unüberschaubaren Bandbreite an Produkten besonders
alt zu werden. Aber für den Anfang war das ja gar nicht schlecht
und mit 15.000 Leuten durch ein Werkstor zu gehen brauchte ich
auch nicht mehr. Hier waren es zu diesem Zeitpunkt nur 14 – und
diese Aufgabe roch sogar ein wenig nach Vertrieb. So wurde man
sich schnell einig, wenn auch aus höchst unterschiedlichen Be-
weggründen.

Die ersten Arbeitstage waren geprägt von einem vorsichtigen
Kennenlernen der hier versammelten Menschen, der wenigen
Büros und der Werkstatt, die den Begriff „Produktion" zu diesem
Zeitpunkt sicher noch nicht verdiente. Am meisten beeindruckte
mich zunächst im Büro der Chefin ein Exemplar damals noch mo-
dernster Bürokommunikation, eine heimorgelgroße und in Echt-
holz gehaltene Maschine geziert vom Logo der Firma Siemens,

ein Telex[30], erst vor wenigen Jahren gebraucht erworben. Der zu übermittelnde Text musste mittels einer Tastatur eingegeben werden, dann produzierte das Ungetüm laut ratternd einen Lochstreifen. Diesen meterlangen gelben Streifen Papier nutzte man dann, um nach dem Anwählen des Adressaten per Wählscheibe die Nachricht zu senden. Es würde noch bis Ende der 1980er-Jahre dauern, bis sich Telefaxgeräte[31] in der Welt und auch in dieser Firma langsam durchsetzen würden.

Klare Strukturen einer Einarbeitung waren natürlich weder zu erwarten gewesen noch vorgegeben. Es wurde der in kleinen Betrieben übliche „Sprung ins kalte Wasser", in diesem Falle sogar eiskalt. Also fuhr Böhnensieker mit mir schon wenige Tage nach meinem Eintritt zu Kunden, ohne mir nur eine grobe Vorstellung von den Produkten vermittelt zu haben. Dabei konnte ich erstaunt feststellen, wie gut der Firmeninhaber seine Produkte kannte, aber wie wenig er auch gleichzeitig von den Prozessen der unterschiedlichen Industriebereiche verstand, die seine Produkte bedienten.

Es dauerte nicht lange, bis mein Chef aus unerfindlichen Gründen meinte, ich könne auch schon hier und da alleine zu Kunden fahren, eine Meinung die ich keineswegs teilte und die bei mir regelmäßig den Angstschweiß obgleich der noch äußerst lückenhaften Kenntnisse über dieses geradezu fulminante Produktspektrum ausbrechen ließ. Als Firmenwagen stand ein in die Jahre gekommener Ford Granada zur Verfügung, der für Materialbeschaffung, Serviceeinsätze und jegliche anderen Transportaufgaben genutzt wurde und auch genauso aussah. Falls dieses Gefährt nicht verfügbar war, musste Josy Böhnensieker ihren hellblauen Mercedes 200 D abgeben, was sie jedes Mal nicht unbedingt mit erkennbarer Begeisterung quittierte.

Es standen Kundenbesuche bei Lebensmittelbetrieben an, denen UV-Strahlungseinrichtungen zur Entkeimung von Packstoffen an-

---

30 Teleprinter Exchanger, auch Fernschreiber genannt, waren Systeme zur Übermittlung von Textnachrichten über ein mit dem Telefonnetz vergleichbares Telekommunikationsnetz.

31 Diese Geräte wurden übrigens anfangs noch als Fernkopierer bezeichnet, was ihre Funktion besser beschreibt.

gedient werden sollten, genauso wie erste Kunden aus der Druck-industrie oder des Bereiches Aktiv-Service. Ein selbst für einen jungen Ingenieur mit gewisser technischer Ambition unüberschau-bares Feld von Produkten, Technologien und Märkten.

Eins wurde mir recht schnell klar: Es war es für so ein kleines Unternehmen mit diesen begrenzten personellen und finanziellen Ressourcen nicht möglich, in so vielen unterschiedlichen Pro-duktfeldern und Märkten geeignetes Know-how zu entwickeln, vom nachgelagerten Erfolg daraus entstehender Produkt ganz zu schweigen. Gleichwohl bewunderte ich Böhnensieker damals noch oft dafür, wie es ihm gelang, diese unglaubliche Vielfalt nicht nur halbwegs zu beherrschen, sondern auch noch immer neue Ideen zu entwickeln, die oft mit den bestehenden Produkten keinerlei Verbindung hatten. Doch meine Skepsis wuchs von Tag zu Tag. So machte ich mich denn still und leise daran, ohne mei-nem Chef gegenüber auch nur ein Wort davon zu erwähnen, mir aus dieser für mich viel zu bunten Palette von Produkten einen Bereich herauszusuchen, der mir erfolgversprechend erschien und in den ich mich tiefer einarbeiten wollte. Dass dieser Weg steinig und äußerst risikoreich werden würde und keinesfalls unbedingten Erfolg versprach, war klar.

3. Kapitel
Ein erster Fokus
Tod des bunten Produktspektrums
1981-1984

„Wer den Hafen nicht kennt, in den er segeln will,
für den ist kein Wind ein günstiger."
Lucius Seneca
(4 v. Chr.- 65 n. Chr.)

Wenn man nur ein sehr kleines Gewehr hat und damit erfolgreich auf Großwildjagd ziehen will, dann muss dieses Gewehr schon sehr präzise sein und der Jäger sollte die richtige Munition wählen können, wissen wie er sich sicher anschleicht und noch sicherer zielt. Das gilt nicht nur für die Jagd, sondern auch im übertragenen Sinne für ein Unternehmen. Die vorhandenen Ressourcen unterschiedlichster Art und deren sinnvoller Einsatz entscheiden über Erfolg oder Misserfolg einer kleinen Firma. Natürlich geht es manchmal auch anders, doch dann braucht es leider noch viel mehr Glück, als es ohnehin schon braucht, um auch nur ein bisschen erfolgreich zu werden.

Damals wie heute waren bzw. sind die Eigner von kleinen inhabergeführten Betrieben oft nicht sonderlich freigiebig mit den Zahlen des Unternehmens. Umsatz und der Gewinn verweilen, teils sogar aus gutem Grund, gern im Nebulösen. In diesem Falle war das auch gut so. Das Jahr 1980 wurde mit einem Umsatz von ca. 1,4 Mio. DM[32] und einem geradezu bemerkenswerten Verlust abgeschlossen, wie leider erst später und eher zufällig bekannt wurde. Eine Information darüber hätte die schlechte Laune des Inhabers an manchen Tagen sicher erklären können und hätte auch bei mir ein gewisses Gefühl der Unsicherheit aufkommen lassen, ob denn die gerade getroffene Wahl des Arbeitsplatzes wirklich eine gute Idee war. Es sollte auch nur die erste von zahlreichen späteren Unternehmenskrisen sein, die das Unternehmen erschüttern oder gar in der Existenz gefährden konnten.

---

32 Die D-Mark wurde am 1. Januar 1999 als Buchgeld und am 1. Januar 2002 auch als Bargeld durch den Euro ersetzt. Der amtliche Umtauschkurs für 1 D-Mark betrug 0,51129 EUR.

Der Pragmatismus, den ich mir bei meinem neuen Arbeitgeber gewünscht hatte, war in geradezu erdrückendem Maße vorhanden. Jeder machte irgendwie alles. Mangels konstruktiver Kapazitäten musste ich sogar hier und da konstruieren, um dabei sehr schnell festzustellen, dass dies definitiv nicht zu meinen Kernkompetenzen gehörte. Wenn mir damals nicht der einzige „echte" Ingenieur des Unternehmens, Werner Nübel, ebenfalls ausgebildet an der Fachhochschule in Soest, immer wieder sachkundig unter die Arme gegriffen hätte, wäre aus diesen Konstruktionen mit Sicherheit nie etwas geworden. Nübel pflegte es in seinem trockenen, westfälischen Humor oft so zu beschreiben, wenn damals mal wieder ein Versuch mit einem neuen technischen Produkt krachend gescheitert war: „Das war jetzt aber nicht ganz so wunderbar!"

Immer mehr Leuten im Unternehmen wurde klar: So schön und bunt die Produktpalette der Firma auch war, so würde das Unternehmen niemals erfolgreich werden. Interessanterweise neigte selbst Josy Böhnensieker auch immer mehr zu dieser Meinung, wie sie viele Jahre später in Gesprächen gestand, ohne damals bereits offen dazu den Mitarbeitern gegenüber Stellung bezogen zu haben. Es überwog die verständliche Loyalität einer Unternehmergattin. Also musste zunächst einmal die Sprunghaftigkeit des Firmenchefs von der Mannschaft selbst gebremst werden. Die Frage war nur wie, denn es war nach ersten vorsichtigen Gesprächen in diese Richtung abzusehen, dass er keinesfalls bereit war, diese auch nur in Ansätzen abzulegen. Vielmehr noch: Es wurde deutlich erkennbar, dass er in dieser Beziehung gar nicht aus seiner Haut konnte.

Auch andere, durchaus sehr persönliche Aspekte begannen sehr schnell anstehende Entscheidungen zu beeinflussen: Meine zahlreichen Besuche bei Produzenten in der Lebensmittelindustrie zum Zwecke des Verkaufs von UV-Bestrahlungseinheiten an Verpackungsmaschinen hatten erste konkrete Folgen. Von Jugend an schon etwas sensibel in Richtung der Nahrungsaufnahme aus zweifelhafter Provenienz, hielt ich mich im Laufe der Zeit von immer mehr Lebensmitteln fern, bei denen ich aus nächster Nähe gesehen hatte, wie diese in ihr Glas, ihre Dose oder sonst wie geartete Verpackung kamen. Für mich würde diese Branche also nicht unbedingt ein geeignetes Betätigungsfeld für eine zufriedene berufliche Zukunft bei gleichzeitig geregeltem Appetit sein können. Hinzu kam die sich langsam manifestierende Überzeugung, dass man in diesem Umfeld weder genügend technische Kompetenz, eine zündende Innovation, noch ausreichende personelle und finanzielle Ressourcen hatte, um gegen die etablierten großen Wettbewerber bestehen zu können.

Der Bereich Aktiv-Service, so profitabel er auch war, erschien mir aufgrund der Gefahren des Umgangs mit dem Lösungsmittel Toluol[33] und noch dazu möglicher und in ihren Auswirkungen fataler Kohlenstaubexplosionen schlicht zu risikoreich. So kristallisierte sich aus dem bunten Strauß der damaligen Produkte die Druckindustrie und dort besonders die Feuchtmittel-Aufbereitung als Fokus für mein berufliches Interesse heraus. Selbstredend geschah das natürlich, ohne zu diesem Zeitpunkt diese sehr persönliche Wahl überhaupt in der ganzen Breite der Chancen und Risiken komplett überblicken zu können. Doch die Entscheidung stand und im Zweifel würde immer noch eine falsche Entscheidung besser sein als keine. Folgerichtig musste zunächst erst einmal eine Lösung für die anderen Bereiche gefunden werden, um die notwendigen Freiräume zu schaffen.

Als ersten Schritt ließ sich der Chef in langen, damals noch sehr vorsichtigen Gesprächen, überzeugen, dass jeder Bereich, ganz besonders der UV-Bereich, welcher Böhnensieker besonders am Herzen lag, einen eigenen Verantwortlichen bekommen sollte. Wie es der Zufall wollte, hatte ich diesen Kandidaten auch bereits mit Karl-Heinz Baier, einem Kommilitonen aus Studienzeiten, in der Hinterhand. Glücklicherweise verstand sich dieser bereits im

---

33 Toluol, auch Methylbenzen genannt, ist eine flüchtige Flüssigkeit, die in vielen Eigenschaften dem Benzol ähnelt und oft als Lösungsmittel eingesetzt wird. Toluol ist leicht entzündlich und in erheblichem Umfang gesundheitsschädlich.

Bewerbungsgespräch und auch vom ersten Arbeitstag, Anfang April 1982, an mit seinem neuen Chef. Auch entwickelte der eine bemerkenswerte Affinität zu dieser Produktgruppe, die ihn auch noch viele Jahrzehnte später hauptberuflich beschäftigen sollte – allerdings nicht mehr in dieser Firma.

Nun war mein klarer Fokus gefunden: eine Industrie, die mich interessierte, in der das Unternehmen etwas zu bieten hatte und gewisse Wachstumsaussichten fast mit den Händen greifbar waren. Nicht nur, dass mit der Zentralisierung der Feuchtmittel-Aufbereitung eine simple, aber für die damalige Zeit fast revolutionäre Produktidee bereitstand. Unbestritten galt Deutschland auch immer noch als das Mutterland der Druckindustrie. Hier hatte Johannes Gutenberg den Druck mit beweglichen Lettern erfunden, selbst der industrielle Druck wurde hier durch die Fa. Koenig & Bauer[34] begründet. Deutschland stellte damals sogar, noch in der Reihenfolge ihrer damaligen Bedeutung, mit Heidelberger Druckmaschinen, MAN-Roland und Koenig & Bauer die drei größten Druckmaschinenhersteller der Welt. In welcher Industrie konnte man schon einen ähnlich vergleichbaren Markt direkt vor der Haustür finden?

Als weiteres Indiz wurde der Markt für Feuchtmittel-Aufbereitungsgeräte zwar von einer Vielzahl von lokal und international tätigen Wettbewerbern bedient. Dominiert wurde er aber von einem amerikanischen Unternehmen, der schon genannten Baldwin Gegenheimer Corp., einem Unternehmen, von dem im späteren Verlauf dieses Buches immer wieder die Rede sein wird.

Ein weiterer Umstand förderte, trotz dieser Dominanz, einen reichlich zersplitterten Markt. Oft war es üblich, dass die Druckmaschinen mehr oder weniger „nackt" in die verschiedenen Marktregionen der Welt verkauft wurden. Die lokalen Vertretungen rüsteten diese dann mit Peripheriegeräten lokaler Hersteller aus.

---

34 Am 9. August 1817 unterzeichneten der Drucker Johann Friedrich Koenig und der Techniker Andreas Friedrich Bauer einen Gesellschaftsvertrag und legten damit den Grundstein für die älteste Druckmaschinenfabrik der Welt. Diese wurde im Kloster Oberzell bei Würzburg als sogenannte „Schnellpressenfabrik" eingerichtet.

Beispielhaft sei hier nur der englische Markt genannt. Hier machten neben Baldwin auch unter anderem Firmen wie MG Electric[35], NV-Tools und später auch Arcade Engineering ihre damals noch auskömmlichen Geschäfte.

Aus dieser Gemengelage ließ sich eine Strategie zimmern, die, rückblickend betrachtet, heute schlüssiger erscheint, als sie damals den handelnden Akteuren in ihrer vollen Breite bewusst war. Es war nicht viel mehr als ein recht gutes Gefühl, dass sich hier eine Marktlücke auftat, die für ein kleines Unternehmen mit seinen begrenzten Ressourcen eine Chance bot zu wachsen, und zwar in einem Markt, der sich ebenfalls entwickeln würde. Dass noch einige andere und zu dieser Zeit nicht absehbare Aspekte dazu kamen, die diesen Erfolg beflügeln könnten, war damals keinesfalls erkennbar.

Doch zunächst entfaltete sich alles in die vollkommen gegenteilige Richtung: Da ich mich als inzwischen offiziell zum Vertriebsleiter ernannter Mitarbeiter jetzt immer mehr für den Bereich „Grafische Technik" engagierte und dabei oft genug in unternehmerische Entscheidungen eingriff, geriet ich zusehends auf Konfrontationskurs zu meinem Chef. Zum einen glaubte dieser nicht recht an den Erfolg dieses Bereiches, zum anderen war er nicht bereit, auch nur ein Quäntchen Verfügungsgewalt in seinem Unternehmen abzugeben. Ausschlaggebendes Kriterium für seine Ablehnung erscheint aber im Nachhinein seine an sich sehr positiv zu wertende Leidenschaft gewesen zu sein, kontinuierlich etwas Neues anzufangen, anstatt Dinge mit langem Atem anzugehen. Dort immer wieder nachzujustieren, wo es Probleme gab, und nur das über den Haufen zu werfen, was wirklich und nach überaus eingehender Betrachtung keine Zukunft hatte, war nun einmal nicht seine Sache. Ein Fehler, den gerade junge Firmen zu allen Zeiten immer wieder gern begehen.

Insbesondere konnten wir uns überhaupt nicht darüber einigen, wie hoch die Fertigungstiefe des Unternehmens sein sollte. Böh-

---

35 damals noch Lizenznehmer der Fa. Royse, Dallas, Texas, USA

nensieker als Ingenieur alter Prägung liebte die Fertigung. Blech biegen, Löcher bohren, Fräsen und Schweißen hieß für ihn Geld verdienen. Ich selbst studierter Fertigungstechniker, teilte diese Überzeugung nicht im Geringsten. Blechbieger, Fräser, Löcherbohrer und Schweißer gab es selbst im Münsterland zuhauf. Das Produkt musste im Vordergrund stehen und nicht die Fertigung. Fertigen sollten meiner Ansicht nach die dafür jeweils am besten geeigneten Lieferanten. Hier in der Firma sollte alles nur noch montiert werden. Für den Chef eigentlich unvorstellbar und mit größter Skepsis beäugt, führte ich konsequenterweise Stück für Stück diese neue Struktur langsam in das Unternehmen ein.

Dem Inhaber war klar, dass gerade einem kleinen Unternehmen auf Fachmessen ein hohes Maß an Aufmerksamkeit zu Teil wurde. Die Intermedika hatte dies in den vergangenen Jahren schon im Bereich UV-Technik bewiesen. Folgerichtig hatte er für das Frühjahr 1982 auch einer Messeteilnahme auf der DRUPA[36] in Düsseldorf zugestimmt, zumal inzwischen schon ein kleines Programm an Feuchtmittel-Aufbereitungsgeräten, wenn auch rudimentärster Ausführung, zur Verfügung stand.

Im Grunde blieb von dieser Messe an echtem Geschäft noch nicht viel mehr als ein erster Achtungserfolg, wenngleich zwei Ereignisse bemerkenswert waren: Eines Vormittags holte ich einen älteren Herrn mit grauem Anzug und Turnschuhen, der fast ganz im großen Tank eines Gerätes gesteckt hatte, wieder ans Tageslicht um ihn, obzwar seines überbordenden technischen Interesses, zur Rede zu stellen. Nicht wenig überraschend gab dieser sich per übergebener Karte als Harold Gegenheimer zu erkennen, Sohn des Gründers der später börsennotierten Fa. Baldwin-Gegenheimer Corporation. Diesen branchenweit bekannten Mann interessierte es offensichtlich brennend, wie es denn einem Unternehmen technisch gelang, alle Feuchtwerke einer Druckmaschine aus einem

---

36 Die DRUPA in Düsseldorf war und ist die größte Fachmesse der Druck- und Papierindustrie weltweit. Sie findet wegen des enormen Aufwands an kompletten Maschineninstallationen nur alle vier Jahre in Düsseldorf statt und gilt nach der Hannover Messe als eine der größten Messen der Welt.

Tank zu versorgen, wie schon geschildert damals eine echte Novität. Nachdem sich der erste Ärger über diese aus meiner Sicht recht deutliche Form der persönlichen Industriespionage gelegt hatte, nicht zuletzt wegen des überaus freundlichen Auftritts des damals bereits ca. 80-jährigen Herren, festigte sich im Unternehmen erstmals eine Vorstellung davon, dass man hier offensichtlich etwas wirklich Besonderes zu bieten hatte. Interessierte sich doch offensichtlich sogar die graue Eminenz des größten Wettbewerbers der Welt für diese Technik. Welche positiven, aber auch welche teils negativen Implikationen gerade dieses Unternehmen auf die weitere Entwicklung des Unternehmens haben würde, konnte zu diesem Zeitpunkt wohl noch niemand ahnen.

Ein zweiter Aspekt machte diese Messeteilnahme interessant: Schon zu Beginn der 1980-Jahre hatte Franz Böhnensieker mit dem Gedanken gespielt, sich dem amerikanischen Markt zuzuwenden. Als kleine und noch reichlich unbedeutende Firma war jedoch an einen eigenen Marktauftritt nicht zu denken und so wurde die Idee recht schnell verworfen. Ein weiterer Messebesucher, John Herbert, Sohn des Firmengründers der Fa. Herbert Products Inc.[37], hatte über viele Jahre den Erfolg der Firma Baldwin in den USA verfolgt und rechnete sich Chancen aus, in deren Produktbereich ein Stück vom Kuchen abzubekommen, zumal auch er das Potenzial der neuen Zentraltank-Gerätetechnik erkannt hatte. Herbert Products Inc. beschäftigte sich zu diesem Zeitpunkt mit Geräten zur statischen Entladung von Papierbögen und -bahnen. Produkte, die man nicht unbedingt dem technischen Feld der fb-apparatebau zuordnen würde.

Herbert gab in den Gesprächen gleich zu erkennen, dass er nicht an einer Vertretung von in Deutschland gefertigten Geräte interessiert war, sondern diese in Lizenz bauen wollte. Ein Umstand, der dem noch kleinen Unternehmen vergleichbar wenig Invest-

---

37 Das Unternehmen war im Bundesstaat New York, in Westbury auf Long Island ansässig. Es wurde Jahre später eines der ersten Opfer im Umfeld der von Lehmann Brothers ausgelösten Krise der Weltwirtschaft und besonders der Druckindustrie in den Jahren 2008-2010.

ment bei gleichzeitiger Nutzung der Chancen auf diesem Markt versprach. Folglich kam dieser Lizenzvertrag recht schnell nach der Messe zustande. Ich wurde auserkoren, als einer der wenigen die englische Sprache beherrschenden Mitarbeiter der Firma, die Übergabe der Zeichnungen sowie das Umsetzen auf amerikanische Standards zu bewerkstelligen und später den Anlauf der Produktion zu überwachen. Spannende Reisen in die USA und auch das Private kam dabei nicht zu kurz: Da ich schon damals mit John Herbert die Leidenschaft des Segelns teilte, versüßten zwei Wochenenden auf der Yacht des amerikanischen Counterparts bei herrlichstem Segelwetter auf dem Long Island Sound die zwei wochenlangen Aufenthalte auf das Vortrefflichste.

Vorgreifend sei hier schon erwähnt, dass diese Lizenzvergabe zwar noch einige Jahre währte, aber niemals zu einem echten wirtschaftlichen Erfolg für beide Seiten wurde. Sie bedeutete auch nur den ersten Schritt in einer ganzen Reihe von Abenteuern auf diesem vollkommen anders strukturierten Markt, der erst sehr viel später zu einem Erfolg werden sollte. Erst musste hier offensichtlich noch eine recht flache Lernkurve absolviert werden, die lediglich mit der Mojave Wüste vergleichbar war und die in manchen Aspekten dann eher einer Achterbahnfahrt glich.

Eine erste frühe Erkenntnis konnte hieraus gezogen werden: Wenn man etwas wirklich Neues macht, dann muss man es selber in die Hand nehmen, um es mit aller Macht stringent voranzutreiben zu können. Partner haben immer eine in Teilen eigene Agenda. Eine Lehre, die auch für die langsam immer zahlreicher werdenden Vertretungen des jungen Unternehmens zu ziehen war, zumal erkennbar wurde, dass sich immer mehr Druckmaschinenhersteller für die Produkte des Hauses interessierten und diese würden sicher eine weltweit einheitliche Strategie erwarten. Heute gehört dies zu den Grundpfeilern der Unternehmens-DNA in der Zusammenarbeit mit vielen großen Kunden.

Auf dieser Messe wurde ferner klar, dass man jetzt Gas geben musste, wenn man nicht dem Wettbewerb zu viele Gelegenheit zum Aufholen gestatten wollte. Erste Verkäufe von Geräten an ausländische Druckereien, initiiert durch Vertreter, die damals schon in Scharen auf dem Messestand ihre Dienste angeboten hatten, wollten betreut werden, neue Geräte mussten entwickelt werden und leider gab es auch oft genug Streit mit dem Inhaber über technische Lösungen.

Besonders herauszuheben sei an dieser Stelle die Entwicklung eines eigenen und im vorhergehenden schon beschriebenen Alkohol-Konstanthalters. Böhnensieker hatte ein Äquivalent zu einem Produkt der Fa. Baldwin konstruiert und mit einem Ventil versehen, welches bei genauer technisch/physikalischer Betrachtung niemals funktionieren würde[38]. Es kam zu ersten massiven Auseinandersetzungen mit mir, der ich eine schlichte Kopie des Gerätes eines Wettbewerbers bevorzugte, da die diesbezüglichen Patente längst abgelaufen waren. Später könne man immer noch technisch nachlegen – was auch mit zu diesem Zeitpunkt noch nicht vorstellbarem, geradezu unglaublichem zeitlichem und technischem Aufwand geschah. Nach einigen Auslieferungen effektiv nicht zufriedenstellend funktionierender Geräte mussten diese im Markt wieder eingesammelt werden. Ein Imageverlust zu vollkommen falscher Zeit.

Dieser Vorfall sei an dieser Stelle deshalb erwähnt, da es symptomatisch für das Vorgehen des Firmengründers war und er damit sein Umfeld nur zu oft in die Verzweiflung trieb: Seine ohne Zweifel vorhandene, geradezu überbordende Kreativität bei neuen Konstruktionen stand im umgekehrt proportionalen Verhältnis zu seinem technisch/physikalischen Grundlagenwissen. Jahre später würde er mir mit großem Stolz eine von ihm erdachte Windkraftanlage präsentieren, die diesem Umstand derart augenfällig Rechnung trug, dass ich nicht mehr bereit war, dies mit ihm ambitioniert zu diskutieren. Ein paar Zeilen später wird klar werden warum.

---

38 Böhnensieker bevorzugte ein extrem störanfälliges Schieberventil, dessen notwenige Stellkräfte vom Auftriebskörper dieses die Dichte der Flüssigkeit messenden Instrumentes niemals aufgebracht werden konnten, wenn man auch nur halbwegs die geforderte Messgenauigkeit einhalten wollte.

Die Situation wurde immer verfahrener, bisweilen sogar wirklich unerfreulich. Die ersten Erfolge in der Druckindustrie wurden immer wieder durch die Launen- und Sprunghaftigkeit des Inhabers getrübt, der spürte, dass hier etwas ins Rollen kam, das er nicht mehr beherrschen konnte. Natürlich gab es hier und da Probleme mit den neuen Anlagen. Ein freundlich kompetenter Mitarbeiter von Mohndruck bezeichnete augenzwinkernd eines der gelieferten Geräte sogar spontan als die „Böhnensiekerschen Wasserspiele". Dieser Ausdruck sollte für einige Jahre zum geflügelten Wort im Unternehmen werden – besonders, wenn mal wieder diverse Undichtigkeiten an gerade neu entwickelten Prototypen zu bestaunen waren. Daher gehörte zu jedem damaligem Versuchsaufbau der obligatorische Eimer samt Aufnehmer. Doch auch hier würde man dazu lernen: Ein zukünftiges Testfeld sollte einmal ordentliche Ablaufrinnen bekommen.

Die hieraus resultierenden hohen Reklamationskosten veranlassten den immer ungehaltener werdenden Chef zu einer ersten augenfälligen Strafaktion: Ich hatte stehenden Fußes nach Montrouge, einem südlichen Stadtteil von Paris zu fahren, um dort einen defekten, mit Nübels tatkräftiger Unterstützung von mir selbst konstruierten neuen Gegenstrom-Wärmetauscher[39] auszutauschen. Damit nicht genug: Nach meiner Rückkehr überraschte er mich auch noch mit der Anweisung, in Zukunft doch in der Firma keine Arbeit mehr zu verteilen, sondern diese gefälligst selber zu machen. Seine Feststellung war ohne Zweifel richtig, hatte ich doch bisher angenommen, dass es sich hier zumindest ansatzweise um eine Managementaufgabe handeln würde. Zu allem Überfluss kam der zwar von ihm initiierte, aber von mir ausgeführte Lizenzvertrag mit Herbert Products auch nicht von der Stelle, was er mir ebenfalls vollständig anlastete. Sein Glaube an ein leichteres Geldverdienen im Bereich UV erschien ihm dagegen gerade-

---

39 Die bisher eingesetzten Wärmetauscher funktionierten nach dem Tauchsiederprinzip und waren energetisch wenig optimal. Ein Gegenstrom-Wärmetauscher führt das Kältemittel zunächst der austretenden Seite des zu kühlenden Mediums zu, um es dann an der eintretenden Seite des Mediums wieder zu verlassen.

zu unerschütterlich und seine Bereitschaft sich wirklich tief in die Materie der Druckindustrie einzuarbeiten, um hier die Chance zu haben, langfristig, nachhaltig und wirklich erfolgreicher sein zu können, war leider nicht erkennbar.

Ein Schnappschuss von einer frühen Weihnachtsfeier v. l. n. r.: Bernhard Wiedenlübbert, Josy Böhensieker, Lothar Brandt und abgeschnitten Heinz Harling

Schweren Herzens beschäftigte ich mich nach einigen weiteren Monaten der massiven Auseinandersetzung und dem wachsenden Gefühl der Ausweglosigkeit mit dem Gedanken eines Wechsels des beruflichen Umfelds. Eine Bewerbung bei einem damals noch kleinen, aber prosperierenden Hersteller von Windkraftanlagen[40], einer Technologie, für die ich schon lange großes Interesse hegte und in der ich mir auch schon eine Menge Fachwissen angeeignet hatte, versprach Erfolg. Davon überzeugt, dass solchen Anlagen eine große Zukunft bevorstand, konnten auch erfolgversprechende Karrierechancen nicht weit sein, von der ökologischen Sinnhaftigkeit dieses Tuns ganz zu schweigen. Jahre später würde ich sogar,

---

40   Fa. Enercon, Aurich

wenn auch mit wenig Erfolg, eine der ersten im Bundesland NRW genehmigten und leider unversicherten Windkraftanlagen auf meinem Hof betreiben, die später einem Blitzschlag zu Opfer fiel. Natürlich verheimlichte ich diese interessante berufliche Option dem Inhaber gegenüber nicht, dazu war die Frustration einfach zu groß.

Für Böhnensieker galt es jetzt zwei divergierende Interessenlagen zu vereinen. So wirklich verlieren wollte er seinen offensichtlich ambitionierten Vertriebsleiter nicht, aber das vermeintliche Risiko, den doch eher ungeliebten Geschäftsbereich „Grafische Technik" über Gebühr zu fördern, wollte er auch nicht eingehen. Nach einigen Tagen des Überlegens entwickelte er, wie immer in seiner typisch querdenkenden und kreativen Art, einen ungewöhnlichen Lösungsvorschlag. Er bot seinem Vertriebsleiter Ende des Jahres 1982 an, in Zukunft quasi als Freiberufler zu arbeiten und ausschließlich eine Umsatzprovision für alle von mir projektierten und verkauften Produkte aus dem grafischen Bereich zu beziehen. Ein Angebot, dass er obgleich des nun bald einsetzenden ersten Erfolges dieses Geschäftsbereiches aber schnell bereuen sollte.

Leider verbesserten sich die Eigenheiten des Inhabers auch durch diesen, seiner Meinung nach genialen, Schachzug nicht unbedingt. An manchen Tagen betrat er morgens grußlos die Firma und die Mitarbeiter wussten, dass es besser war, ihm an diesen Tagen nicht zu begegnen, wenn man denn nicht wegen irgendwelcher Lappalien grundlos angemacht werden wollte. Einer der Gründe hierfür mag wohl rückblickend daran gelegen haben, dass der von ihm präferierte UV-Bereich zwischenzeitlich keineswegs wie erwartet prosperierte. Auch wenn damals das Thema Work-Life-Balance noch keine große Rolle spielte, es konnte so auf Dauer nicht weitergehen.

Diese nicht unerhebliche Frustration hatte auch bei Baier immer wieder zu einem derart hohen Maß an Unzufriedenheit geführt, dass sich inzwischen beide Studienkollegen ebenfalls ein geordnetes Brötchenverdienen außerhalb dieser Firma vorstellen konnten – am liebsten natürlich in einer Form einer Selbstständigkeit.

Denn auf den Geschmack des selbstständigen Arbeitens konnte man in dieser speziellen Firma schon recht leicht kommen.

Manche abendliche Stunde wurde genutzt, um Pläne zu schmieden, Ideen zu kreieren, oft auch schnell wieder zu verwerfen. Schließlich nutzen beide die inzwischen von mir wegen meiner Quasi-Selbstständigkeit angemeldete Firma[41], um ein eigenes Projekt zu realisieren – und dieses schon ein knappes halbes Jahr später vorschriftsmäßig in den Sand zu setzen.

Diese kleine Firma, Start-up würde man heute sagen, hätte eines unserer zahlreichen Hobbies, die Fotografie, zum Beruf machen sollen: Die verlagsmäßige Erstellung und Publikation von anspruchsvollen 3D-Fotographie-Mappen berühmter Städte im Anaglyphenbildverfahren[42], also nicht gerade unbedingt der Kernbereich dessen, was die fb-apparatebau Böhnensieker GmbH & Co. KG damals ausmachte.

Rückblickend betrachtet hatten wir ein technisch brillantes Produkt entwickelt, Markt und Marketing aber gleichzeitig vollkommen unterschätzt. Schlussendlich blieben wir auf einem ganzen Berg von Druckprodukten sowie einer Reihe recht saftiger Rechnungen sitzen. Ein Stapel recht guter Gründe, uns leicht frustriert wieder verstärkt den Aufgaben im Unternehmen zu widmen. Das wiederum hatte aber glücklicherweise zur Folge, dass sich die Firma in beiden Geschäftsbereichen recht bald darauf anständig entwickelte und sich sogar hier und da für uns beide ein wenig Spaß an der Arbeit einstellte.

---

41 Harling Ingenieurgesellschaft mbH

42 Das Anaglyphenbild ist ein Stereogramm, bei dem stereoskopisch aufgenommene Bilder in zwei verschiedenen Farben übereinander gedruckt werden und bei Betrachtung mit einer entsprechend unterschiedlich gefärbten Farbfilterbrille jedem Auge nur ein Teilbild zugeführt wird und damit eine räumliche, in diesem Fall monochrome Darstellung beim Betrachter hervorruft.

4. Kapitel
Konsolidierungsjahre und viel Ärger
Das Ziel wird klar
1985-1988

*„Alles ist verloren, wenn wir uns entschließen,
auf nichts zu verzichten."*
Richard von Weizsäcker
(1920-2015)

Evolution oder Revolution? Diese Frage stellt sich oft, wenn Firmen sich verändern wollen oder gar müssen. Das eine ist ein langsamer Prozess mit einem auf dem Wege dahin steuerbaren Ausgang. Das andere ist schneller, aber auch risikoreicher. Was also tun? Evolution erfordert in erster Linie Geduld, Revolution unbändigen Mut. Nun liegen aber Mut und Wahnsinn, wie wir schon gehört haben, oft sehr nahe beieinander. Warum hat der Mensch dann nicht viel öfter den Mut zur Geduld und damit zur Evolution? Es könnte, wie hier zu lesen sein wird, an der Ausgangsbasis liegen.

Langsam wuchs die Firma und es etablierten sich erste richtige Abteilungen, sodass auch die ersten Auszubildenden eingestellt werden konnten. Die Ausbildung junger Menschen wurde fester Bestandteil der Firmenpolitik. Die damals noch „Lehrlinge" genannten jungen Frauen und Männer stellten von nun an zehn und mehr Prozent der Belegschaft und bildeten damit einen soliden Grundstock an zukünftigen Facharbeitern und -angestellten des noch langsam wachsenden Unternehmens. Zu ihren Aufgaben gehörte es, freitagnachmittags oder gar samstags die wenigen Firmenwagen und insbesondere den Wagen des Chefs zu waschen, was schon wenige Jahre später endlich abgeschafft wurde. Bemerkenswert ist, dass viele dieser Auszubildenden noch heute im Unternehmen arbeiten, oft auch nach Unterbrechung durch eine Weiterbildung oder ein Studium.

Die Vereinbarung, dass ich die Vertriebsleitung freiberuflich ausüben würde, beinhaltete das Versprechen Böhnensiekers, mir in diesem Bereich zukünftig weitgehend freie Hand zu lassen. Ein Versprechen, das leider schon wenige Monate später nicht mehr galt. Aber der Reihe nach:

Es war klar, dass der grafische Bereich des Unternehmens niemals erfolgreich werden würde, wenn sich nicht ein Team von Mitarbeitern um diesen kümmern könnte. Es mussten also kompetente Leute eingestellt werden. Für mich als Freiberufler keine leichte Aufgabe, die dem Chef nur zu verkaufen war, wenn in den folgenden Wochen und Monaten erste wirkliche Erfolge sichtbar wurden. Natürlich durfte dabei niemand, weder Kunden, Lieferanten noch diese neuen Mitarbeiter, erfahren, dass ich im rechtlichen Sinne kein Angestellter des Unternehmens mehr war.

Den Start machte Anfang 1985 Andreas Harig. Er war der jüngere Bruder des Inhabers eines Kältemaschinenlieferanten[43] des Unternehmens und als Ingenieur der Versorgungstechnik der erste Mitarbeiter mit solidem Know-how in der Kältetechnik. Nach ersten negativen Erfahrungen bei einem Generalunternehmen der Bauindustrie suchte er nun sein Glück bei uns, ohne zu ahnen, welche Überraschungen hier auf ihn warteten. Er bildete vom ersten Tag an gemeinsam mit dem damals schon im Unternehmen tätigen Fertigungsleiter Lothar Brandt ein erstes, kleines Kernteam unter dem Radar des Firmenchefs, das bald die Geschicke des Unternehmens maßgeblich beeinflussen sollte.

Gerade halbwegs eingearbeitet, durfte Harig Mitte des Jahres 1985 einem der größten Erdbeben beiwohnen, das es im Unternehmen bislang gab: Ich war aus einem etwas längeren, offensichtlich zu langen Urlaub zurückgekommen und musste feststellen, dass sich in meiner Abwesenheit Wundersames ereignet hatte. Mein Arbeitgeber hieß nicht mehr fb-apparatebau Böhnensieker, sondern Technotrans GmbH, wohlgemerkt großgeschrieben. Alle Briefbögen und viele Prospekte lagen bereits neu gedruckt bereit. Es gab ein neues Firmenlogo, das einer bekannten Filmfirma Hollywoods Mitte der 1930er-Jahre sicher zur Ehre gereicht hätte, umspannte doch der neue Namensschriftzug eine silbrig glänzende Weltkugel. Als damals schon sehr auf Ästhetik bedachter Vertriebsleiter war ich außer mir.

---

43 damals noch unter Harig & Tappe firmierend, heute Harig GmbH, Bielefeld

Zudem hatte sich auch in der Fertigung in den vergangenen Wochen einiges getan: Mitarbeiter waren wieder eifrig dabei, die Edelstahltanks der Geräte selber zu fertigen, die wir zuvor kostengünstig und in bester Qualität von Lieferanten bezogen hatten. Der Inhaber erklärte mir voller Stolz, dass die Eigenfertigung natürlich viel kostengünstiger sei – was bei genauerem Hinsehen keinesfalls stimmte, ganz abgesehen von der miserablen Qualität, die sich schon beim flüchtigen ersten Anblick feststellen ließ. Diese war jedoch sicher nicht den vollkommen überforderten Fertigungsmitarbeitern anzulasten, sondern der unzureichenden maschinellen, durchaus ins Museale drängenden Ausstattung des Unternehmens.

Kurzum: Der Firmenchef hatte das Ruder wieder komplett übernommen. Es kam zu einem derart massiven Streit zwischen uns beiden, an den sich viele Mitarbeiter ob der lautstark ausgetauschten Argumente noch Jahrzehnte später erinnerten. Diesem Streit folgte tagelanges beredtes Anschweigen der beiden Kontrahenten. Schlussendlich eskalierte die Situation eines Abends dermaßen, dass ich meinem Chef anbot, das Unternehmen nun endgültig zu verlassen – gern auch sofort.

Der machte aber vorerst keinerlei Anstalten, mein überaus ernst gemeintes Angebot anzunehmen. Ein paar Tage vergingen. Dann, mit einem Mal, ließ mich Böhnensieker wieder „Business as usual" machen, was mich wirklich sehr überraschte, zumal ich nun nichts mehr zu verlieren hatte. Die Fertigung der Tanks wurde schnell wieder ausgelagert, halb fertige Tanks verschrottet. Das Firmenzeichen wurde „modernisiert" – es entstand das blaue minimalistische Logo mit den stilisierten UV-Strahlen vor dem Namen, das noch heute genutzt wird – und die Firmenfarbe wurde brillantblau, RAL 5007.

So entwickelte sich durch dieses „Erdbeben" eine erste vorsichtige Corporate Identity, die sich von nun an konsequent durch das gesamte Unternehmen ziehen würde und die es bis heute kennzeichnet – bis hin zu den Werken moderner Kunst, die an den Wänden aller Gesellschaften hängen und die meist mit der Firmenfarbe Blau spielen. Selbst eine vollständige Lieferung von – man stelle

sich das mal vor – braunen Papierkörben, die nicht in das fest-
gelegte Farbkonzept passte, ließ ich später einmal trotz heftigen
Murrens des Einkaufsleiters obzwar des überraschend günstigen
Preises retournieren.

Nur der Name technotrans ließ sich nicht mehr ändern, da er bereits im Registergericht eingetragen war. Er wurde aber fortan klein-
geschrieben, ebenso wie die Abkürzung gmbh. Ein kleiner Sieg in
dieser verfahrenen Situation. Hatte ich doch dem Chef angesichts
des neuen, unsäglich altmodischen Logos unter anderem in meiner Erregung vorgeworfen: „In ordentlichen Firmen sollte man die
Namen der Kunden großschreiben und nicht den der Firma!" Leider konnte ich es nicht verhindern, mich noch Jahre später immer
wieder bei jeder passenden und auch unpassenden Gelegenheit über
diesen Firmennamen zu mokieren, indem ich ihn als eine ebenso
ideale wie fantasielose Bezeichnung einer Ostblockspedition brand-
markte. Natürlich konnte man mit dem Namen Böhnensieker im
internationalen Geschäft nicht auftrumpfen, es sei denn, man wollte
z. B. von Engländern, Amerikanern oder Franzosen die herrlichsten
Zungenbrecher hören. Wir hatten die Namensänderung schon vorher oft diskutiert, aber Technotrans hätte es nun wirklich nicht sein
müssen. Doch auch dieser Ärger verging und Dinge, die man nicht
mehr ändern kann, sollte man besser lernen zu lieben.

Ende 1985 bot mir der Chef sogar überraschend an, wieder als
Angestellter in das Unternehmen einzutreten. Meine Begeisterung
hielt sich zunächst in engen Grenzen, denn die Provisionseinnah-
men als Vertriebsleiter hatten inzwischen ein für damalige Verhält-
nisse stattliches Ausmaß angenommen und standen in keinem Verhältnis zu meinem vorherigen Gehalt. Mir war aber auch klar, dass
ich die Zukunft des Unternehmens nur seriös mitgestalten konnte,
wenn ich diesem auch faktisch und rechtlich angehörte. Man stelle sich heute einmal vor, dass ich damals jedem Geschäftspartner
eine Visitenkarte überreichte, die mit der Realität recht wenig zu
tun hatte. So kamen wir uns entgegen.

Von diesem Zeitpunkt an ließ der Inhaber dem Bereich Druckindustrie wesentlich mehr Spielräume und kümmerte sich um an-

dere Dinge. Er dokumentierte dies auch räumlich, indem er einen kleinen Bürotrakt an die erste Halle anbauen ließ, in der seine präferierte UV-Technik und andere, teils immer haarsträubendere Aktivitäten untergebracht wurden – wie der Export von Taxis nach Asien oder die Entwicklung von Krabbenzuchtbecken. Immer öfter dominierten hier nun auch private Angelegenheiten und Interessen des Unternehmers die Aktivitäten der wenigen Angestellten, die mit der Firma wenig bis gar nichts zu tun hatten und diese komplett verändern sollten.

Eines dieser privaten Dinge traf Andreas Harig neben dem Tagesgeschäft in besonderem Maße: Böhnensieker hatte sich, da seine Ehe mit Josy bröckelte und sie das Unternehmen bald darauf für alle überraschend verließ, den Neubau eines privaten Domizils in den Kopf gesetzt, ein Umstand, der unter normalen Umständen nicht zur Besorgnis Anlass geben würde. Nur sollte dieses Domizil, ein ehemaliger, komplett neu aufzubauender Kötterhof[44] in der Nähe, mit allen nur denkbaren und auch undenkbaren technischen Lösungen ausgestattet werden. Heerscharen von Firmenmitarbeitern wurden arbeitstechnisch in dieses Projekt eingespannt – allen voran leider auch Andreas Harig. Nirgendwo sollten marktübliche Lösungen zum Einsatz kommen, sondern ein Sonderwunsch jagte den nächsten und trieb die Baukosten in schwindelerregende Höhen. Selbst konstruierte Dachrinnen, ein Heizungssystem mit multiplen Wärmequellen, später nie benutzte riesige Kühlräume, eine Wassergewinnung aus dem Gartenteich, Lichtschalter in Fußleistenhöhe usw. sollen hier nur beispielgebend genannt sein. Dies alles sicher ein lobenswertes Zeichen für den unbändigen Ingenieursgeist des Firmenchefs, aber gleichzeitig auch für seine oftmalige vollkommene Verkennung technisch/physikalischer Realitäten. Schon wenige Monate nach Baubeginn war Harig drauf und dran, das Handtuch zu schmeißen, wenn ein gutes, von gewis-

---

44 Kötterhöfe sind kleine Bauernhöfe, meist in dörflichen Randlagen, deren Erträge nicht zum Lebensunterhalt der Bewohner ausreichte, und die daher einem handwerklichen Nebenerwerb nachgingen oder sich als Tagelöhner verdingten.

ser Hoffnung auf mehr Eigenständigkeit des Geschäftsbereiches getragenes Zureden des Vertriebsleiters ihm nicht über manche schwache Stunde hinweggeholfen hätte. Jahre später sollte übrigens dieses spezielle Objekt zu einem Bruchteil der Gestehungskosten verkauft werden.

In diesen Zeiten entwickelte sich etwas, von dem auch im weiteren Verlauf des Buches noch öfter die Rede sein wird: Die bis dahin sehr auf den Inhaber fokussierte Firma verselbstständigte sich durch seine zunächst noch nur technisch anders gelagerten Ambitionen. An dessen Stelle trat ein sich vorsichtig entwickelndes Wir-Gefühl. Wir, und das war damals der grafische Bereich, verstanden das Unternehmen mehr und mehr als unsere Firma, mit der wir in Zukunft vielleicht einmal durch dick und dünn gehen würden – allen Widerständen zum Trotz. Wie groß diese Widerstände aber einmal sein würden, konnte an dieser Stelle noch niemand ahnen. Allerdings auch nicht wie erfolgreich.

Nun ging es im Bereich „Grafische Technik" zunächst darum, sich weiter zu positionieren. Technisch gab es eine Basisidee, die hieß, wie schon ausführlich geschildert: Man versorgte die gesamte Druckmaschine aus einem Feuchtmitteltank und nicht jedes Farbwerk einer Maschine mit einem eigenen Gerät beziehungsweise eigenem Feuchtmittelkreislauf. Das galt zu dieser Zeit immer noch als Stand der Technik und wurde von allen Wettbewerbern entsprechend vehement propagiert. Kein Wunder, es mehrte deren Umsatz und eine Beschäftigung mit der technisch/physikalischen Basis des Offsetdrucks fand in der Regel nicht statt. Hier konnte man ansetzen. Zunächst noch nach der Methode „Versuch und Irrtum", indem man bei Mohndruck immer mehr Maschinen mit dieser Technik ausrüstete und dabei durch die kontinuierliche Verbesserung der Technik weitere Erfahrungen machte. In erster Linie waren hierbei die Filtration, die Kühlleistung und die perfekten Strömungsverhältnisse in den Wasserkästen der Feuchtwerke von entscheidender Bedeutung.

Im nächsten Schritt mussten die Druckmaschinenhersteller von dieser Technik überzeugt werden, ein Prozess, der sich über Jahre hinziehen sollte. Hier halfen erste Fachartikel in den einschlägigen Fachmagazinen und sicher auch meine mehrjährige Tätigkeit als Dozent bei Fachsymposien an der technischen Akademie Esslingen: Thema „Die Feuchtung im Offsetdruck". Die auf großes Interesse stoßenden Symposien hatten zu dieser Zeit erheblichen Einfluss auf die Entwicklung der Technik auf diesem Gebiet. Nahezu alle Entscheider der Industrie, Druckmaschinenhersteller wie auch Verantwortliche großer Druckereien, waren dort in der Regel anwesend. Nicht zuletzt baute sich hier auch ein solides Netzwerk auf, welches das weitere Fortkommen in der Industrie beflügeln sollte.

An breit angelegte Werbeaktionen verschwendete man in diesen Tagen kaum einen Gedanken. Zum einen war hierfür schlicht das Geld nicht vorhanden. Zum anderen würde eine solche Aktion ein gewisses Konfliktpotenzial bergen. Zwar kannte man die wenigen Druckmaschinenhersteller in Deutschland bereits halbwegs, konnte sie sogar im Zweifel innerhalb von drei Tagen alle besuchen, um sie von diesen neuen Geräten zu überzeugen. Auf der anderen Seite schien dort aber das Problembewusstsein in Bezug auf eine erstklassige Feuchtmittelaufbereitung, welche sich besonders durch eine möglichst niedrige und konstante Temperatur im Wasserkasten[45] der Druckmaschine zeigte, noch nicht sonderlich stark ausgeprägt. Hier musste zunächst eine Sensibilisierung in den Druckereien für die spezielle Problematik erfolgen, die dann helfen könnte, dieses Problembewusstsein in der Breite zu schaffen. Alle Druckereien in Deutschland wiederum mit einem schlichten Werbebrief anzuschreiben oder gar zu besuchen, wäre dagegen entweder sinnlos oder zu teuer geworden.

Hier erblickte eine Idee das Licht der Welt, die noch Jahre später für einigen Gesprächsstoff sorgen würde. Thema: Wie erreicht man mit geringstmöglichen Mitteln das maximale Ergebnis? Man besorgte sich die Adressen der Betriebsleiter aller mittleren und gro-

---

45 Feuchtwerke an Offsetdruckmaschinen sind normalerweise sogenannte Filmfeuchtwerke. Der Feuchtfilm wird über ein System von in der Regel drei Walzen erzeugt, von dem die unterste in einen Wasserkasten eintaucht. Dieser befindet sich in einem kontinuierlichen Kreislauf mit der Feuchtmittel-Aufbereitung.

ßen Druckereien in Deutschland, was damals übrigens wesentlich mehr waren als heute, und sandte ihnen, begleitet von einem kurzen einführenden Anschreiben, ein kleines, preiswertes und natürlich mit technotrans-Logo verziertes Thermometer mit der freundlichen Bitte, doch mit diesem einmal die Temperaturen in den Wasserkästen der von ihnen verantworteten Druckmaschinen zu messen. Mit durchschlagendem Erfolg: Zum einen meldeten sich viele der Angeschriebenen, was zu manch interessanter Geschäftsanbahnung führte. Zum anderen begannen manche Personen des nun für dieses Problem sensibilisierten Kundenkreises, das Thema bei Druckmaschinenherstellern zu adressieren – und dabei fiel dann oft genug der Name technotrans. Der Name einer Firma, die sich also ganz offensichtlich nicht nur darum kümmerte, irgendwelche simplen Kühlgeräte zusammen zu schrauben, sondern die sich ernsthaft um die Optimierung des Druckprozesses bemühte.

Leider gab es zu dieser Zeit weder ein wirklich vollständiges Programm von Feuchtmittel-Aufbereitungsgeräten, noch gab es einen ausreichend guten persönlichen Kontakt zu den Druckmaschinenherstellern, um ernsthaft mit diesen ins Geschäft kommen zu können. Gleichzeitig wurde aber schon sehr schnell klar, dass der Verkauf einzelner Geräte an Endkunden derart viel Herstellungs- und Vertriebskosten in sich barg, dass nur eine Serienproduktion und ein direkter Verkauf an Druckmaschinenhersteller wirklichen geschäftlichen Erfolg versprachen. Wie richtig diese Einschätzung zu diesem Zeitpunkt war, würde sich sogar erst Jahre später herausstellen. Gleichwohl darf dies als die Geburtsstunde der späteren konsequenten OEM[46]-Orientierung des Unternehmens in nahezu allen Geschäftsbereichen angesehen werden. Dazu an anderer Stelle mehr.

Der erste Druckmaschinenhersteller, der begann, Produkte des Unternehmens werksseitig einzusetzen, war die Koenig & Bauer AG in Würzburg, ausgerechnet das Unternehmen, welches den

---

46 Original Equipment Manufacturer, deutsch: Originalausrüstungshersteller. Es handelt sich um Hersteller, die ihre Produkte nicht direkt an den Anwender vertreiben, sondern diese zum Beispiel über Druckmaschinenhersteller an den Endkunden, sprich Druckereien, liefern.

industriellen Druck überhaupt erst begründet hatte und in Folge einen erheblichen Anteil am beginnenden Erfolg des Unternehmens haben würde. Angeregt durch Installationen an Rollenoffsetmaschinen dieses Herstellers bei Mohndruck, begann man auch im Werk Würzburg, sich ernsthaft mit dieser neuen Technik und diesem neuen, aber noch reichlich unbedeutendem Lieferanten aus dem Münsterland auseinanderzusetzen.

Die dann beginnenden regelmäßigen Besuche in Würzburg würde man heute in vielerlei Hinsicht als bemerkenswert kennzeichnen. Zunächst einmal, weil in diesem Unternehmen die Technik und nicht der Preis im Vordergrund stand, man sich also neuen Dingen gegenüber besonders aufgeschlossen zeigte. Genauso unnachsichtig und sicher auch überaus berechtigt wurden aber auch Fehler in den Konstruktionen, technischen Unterlagen oder Störungen an den Geräten im Feld geahndet. Das führte dazu, dass Böhnensieker, der ab und zu noch an Geschäftsreisen teilnahm, und ich manches Mal die Firmenzentrale in Würzburg mit reichlich roten Ohren und einer Fülle von zu erledigenden Aufgaben verließen. Hilfreich war in solchen Situationen, dass nahezu alle Gesprächsteilnehmer einschließlich des Autors damals derart viel rauchten, dass man seine erregten Gegenüber am Tisch kaum noch erkennen konnte. Manche letzte Zigarette konnte aber nach oft stundenlanger und heißer Diskussion glücklicherweise als Friedenspfeife unter Ingenieuren angesehen werden, die sich mit ganzem Herzen dem Fortschritt der Technik und einer fairen Zusammenarbeit verpflichtet fühlten. Noch heute, weit mehr als eine Generation später, ist Koenig & Bauer ein treuer, verlässlicher und geschätzter Kunde des Unternehmens, wie viele andere auch.

Nicht lange danach kam es durch diese starke Referenz auch zu ersten Erfolgen an Rollenoffsetmaschinen der Fa. MAN-Roland, Augsburg[47], wo eine neue Art der Vorfiltration am Druckwerk vor-

---

47 Der MAN-Roland Konzern galt zu dieser Zeit als die Nummer 3 im Ranking der weltweit größten Druckmaschinenhersteller. In Augsburg wurden Rollen- und Zeitungsmaschinen gebaut und in Offenbach Bogenoffsetmaschinen.

gestellt wurde. Die ersten Installationen sorgten dort für derartige Furore, dass sogar bestehende Installationen des Wettbewerbers Baldwin gegen solche der technotrans ausgetauscht wurden. Aktionen wie diese trugen dazu bei, die Stimmungslage zwischen den beiden Wettbewerbern nicht unbedingt zu verbessern.

Die 1986 turnusmäßig wieder stattfindende DRUPA in Düsseldorf konnte von technotrans diesmal schon professioneller beschickt werden. Immer mehr Druckmaschinenhersteller wurden auf den kleinen Newcomer aufmerksam, der wie ein David versuchte, dem Goliath Baldwin ein wenig von dessen weltweit dominierendem Marktanteil abzuzwacken. Auch zahlreiche andere Wettbewerber machten auf dem Messestand ihre Aufwartung, was dem jungen Team deutlich zeigte, dass es wahrgenommen und gegebenenfalls ein ernst zu nehmender Wettbewerber werden könnte. Hierzu gehörte auch ein hünenhafter Amerikaner mit kanadischen Wurzeln namens David Stinson, Inhaber der US-Vertriebsfirma Royse Manufacturing aus Dallas, Texas. Der erschien damals schon in Begleitung des jungen technischen Leiters John A. Stacey, seines englischen Lizenznehmers, der Fa. MG Electric aus Colchester, Essex. Die Herren beäugten sich der markttechnischen Position gehorchend kritisch, doch eine gewisse Sympathie verbunden mit gegenseitigem Respekt gegenüber meinen Kollegen und mir lag unverkennbar in der Luft. Dieser Umstand sei an dieser Stelle nur am Rande erwähnt, da er im weiteren Verlauf der Geschichte noch eine besondere Rolle spielen wird.

Auf dieser DRUPA wurden auch erstmals Produkte von Harigs neuem Spezialgebiet gezeigt. Es handelte sich um Kältezentralen, welche an einer neu entwickelten Rollenoffsetmaschine der Heidelberger Druckmaschinen AG[48] gezeigt wurden. Diese Großkältemaschinen versorgten multiple Kühlwasserverbraucher dieser Rollenoffsetmaschine mit Kaltwasser auf unterschiedlichen Temperaturniveaus, unter anderem auch die Feuchtmittel-Aufbe-

---

48 Es handelte sich um eine Maschine des Typs web 8 (8 Seiten Rotation), die Jahre später um eine web 16 ergänzt wurde.

reitung, welche damit auf eine eigene Kältemaschine verzichten konnte. Gebaut wurden diese Maschinen im Unternehmen von Harigs Bruder, da im Unternehmen selbst das Know-how und auch die Kapazitäten dazu fehlten. Für Harig also eine echte One-Man-Show im Markt, denn jeder nahm an, dass die Anlagen auch in seinem Unternehmen ihren Ursprung hatten.

Richtig schwierig wurde es für ihn aber erst dann, als bei ersten ernsthaften Qualitätsproblemen ein Antreten zum Rapport beim damaligen Bereichsleiter Rollenoffset und späteren Vorstand der Heidelberger Druckmaschinen AG, Wolfgang Pfitzenmaier, anberaumt worden war. Später gab Harig mal zum Besten: „Ich wusste damals nicht so recht, wovor ich mehr Angst haben sollte, vor den technischen Problemen und einer ordentlichen Standpauke vom Kunden oder weil Franz Böhnensieker mit dabei war. Der hatte nämlich überhaupt keine Ahnung mehr von diesem Produkt."

In diesem Zusammenhang sei erwähnt, dass sich Heidelberger Druckmaschinen als der damals und auch heute noch größte Druckmaschinenhersteller der Welt zu dieser Zeit ausschließlich in seinem vergleichsweise kleinen Bereich Rotationsoffset für technotrans-Geräte interessierte. Im wesentlich größeren Bereich Bogenoffset kam man über einige unbedeutende Musterlieferungen nicht hinaus, was sicher auch an der damaligen noch nicht ausreichenden wirtschaftlich/industriellen Potenz von technotrans lag, um ein so großes Unternehmen weltmarktweit bedienen zu können. Und das nicht nur mit Produkten, sondern auch mit einem qualifizierten Service.

Der Schrecken der ersten Beschäftigungsjahre nahm für Harig und seine Kollegen leider kein Ende: Eines Morgens, die Mannschaft lief so nach und nach ein, sah man den Firmeninhaber mit den Händen auf dem Autodach breitbeinig vor seinem braunen Mercedes SLC stehen, umringt von einer ganzen Schar von ernst dreinblickenden und ganz offensichtlich keinesfalls zu Späßen aufgelegten Herren. Büros wurden durchsucht, Ordner wurden herausgeschleppt – Mitarbeiter der Steuerfahndung taten hier scheinbar ihr gründliches Handwerk. Über die Hintergründe dieses Vorfalls breitet der Chronist an dieser Stelle den Mantel des Schweigens. Das traurige Resultat war jedoch, dass wenig später eine Steuernachzahlung in derart fulminanter Höhe das Unternehmen belastete, dass eine Insolvenz in greifbare Nähe rückte. Nur die Anzahlung für einen größeren Auftrag der Fa. Mohndruck rettete dem Unternehmen die Existenz und den Mitarbeitern den Arbeitsplatz. Innerhalb weniger Jahre balancierte ein tendenziell halbwegs gesunder Wirtschaftsbetrieb schon wieder einmal am Rand eines Abgrunds. Selbst bei größtem Wohlwollen hätte man in diesem Fall allerdings nicht einmal äußere Ursachen hierfür verantwortlich machen können.

In diesem Zusammenhang ist bemerkenswert, dass die im obigen Kapitel erwähnte Anzahlung für einen größeren Auftrag von einem Tochterunternehmen der Fa. Mohndruck kam, der Fa. Elsnerdruck, Berlin. Dessen äußerst selbstbewusster Geschäftsführer war zu diesem Zeitpunkt ein gewisser Dr. Thomas Middelhoff, dem ich im späteren Verlauf der Auftragsabwicklung noch in wenig freundlichen Gesprächen Rede und Antwort stehen durfte und der später unter recht spektakulären Umständen beruflich untergehen sollte. Unter ging später auch der Gegenstand dieses bemerkenswerten Auftrags, eine technisch monströse Anlage, genannt Bündler und Palettierer[49], und damit ein weiteres Element des immer noch viel zu bunten Angebotsspektrums der Firma, bei dem es ebenfalls an Know-how fehlte, um wirklich erfolgreich sein oder werden zu können. Solche Produkte sollten das Haus in Zukunft nicht mehr verlassen. Schließlich entwickelte sich das Unternehmen nun endlich langsam, aber sicher von einem Maschinenbauer zu einem eher verfahrenstechnischen Anlagen- und Gerätebauer, Stahl und Eisen würden nicht mehr im Fokus stehen, sondern der Prozess.

Von einer Geschäftsreise, deren Hintergrund sich den Mitarbeitern damals noch nicht erschloss, brachte der Chef später ein ganz

---

49 Bündler und Palettierer stehen an der Auslage von Rotationsoffsetmaschinen und produzieren aus dem die Druckmaschine verlassenden kontinuierlichem Schuppenstrom von gefalzten Druckprodukten kleine handliche Stapel, umreifen diese in der Regel mit einem Kunststoffband und stapeln diese auf einer Palette.

64

besonderes Souvenir mit, welches von diesem Tage an einen Ehrenplatz auf einem braunen Sideboard in seinem Büro einnahm.
Dessen Geschichte und Symbolik erklärte er jedem gern und ließ
damit leider ein etwas trübes Licht auf seine Gedankenwelt durch-
blicken, welches von Mitarbeitern – und leider auch ein paar Kunden – nicht unbedingt mit freudiger Zustimmung zur Kenntnis genommen wurde: Es handelte sich um zwei ausgestopfte, aufrecht
stehende, drohend das Maul aufreißende Klapperschlangen, die
sich um ein ebenso präpariertes und sein ebenfalls ausgestopftes
Leben verteidigendes Wiesel rangen. Dies verdeutliche, nach Böhnensiekers Ansicht, sinnfällig das überaus schwere Leben eines
Unternehmers, in diesem Falle des Wiesels. Zwei Klapperschlangen, sie ständen für das Finanzamt und für die Gewerkschaften,
umringen den wackeren Unternehmer und trachten diesem kontinuierlich nach dem Leben.

Das Führungsteam erfuhr in der Folgezeit eine deutliche Erwei-
terung, welche einerseits dem stetigen Wachstum geschuldet war,
andererseits bildeten gerade diese Personen zusammen mit Harig,
mir und dem Werkstattleiter Lothar Brand die Grundlage zukünftiger maßgeblicher Ereignisse: Anfang 1987 kam Heinz Mertens als
Konstruktionsleiter zur technotrans. Mit seiner Erfahrung aus einem
wesentlich größeren Betrieb[50] führte er ein höheres Maß an Profes-
sionalität in die Konstruktion ein. Diese war auch dringend notwendig, um die immer zahlreicher werdenden und in dieser Beziehung
äußerst anspruchsvollen OEM-Kunden bedienen zu können.

Anfang 1988 stieß Hubert Oberscheidt, vormals Servicetech-
niker der Fa. O&K, dazu und übernahm schon wenige Monate
später wegen seines engagierten unternehmerischen Denkens die
Leitung der Serviceabteilung der jungen technotrans gmbh.

Nicht nur die Mannschaft musste vergrößert werden, sondern
auch die Räumlichkeiten, eine Maßnahme, die die nächsten Jahrzehnte das Unternehmen kontinuierlich begleiten würde. Diese
erste Maßnahme war aber von ganz besonderen Umständen be-

---

50   Fa. Schwing Betonpumpen, Unna

gleitet, die ein sinnfälliges Licht auf die damalige Situation warfen. Der Inhaber hatte sich – für alle überraschend – entschieden, eine Pilotenlizenz zu machen, und zog sich langsam, aber kontinuierlich aus dem Tagesgeschäft zurück. Immer seltener war er für seine Leute zu sprechen, erst recht nicht, wenn es erkennbar um größere Entscheidungen ging.

Seine bevorzugte Beschäftigung wurde es dann, morgens mit seiner neuen einmotorigen Sportmaschine Typ Trinidad TB 20 Richtung Sylt zu fliegen, um dort den Tag zu verbringen. Also blieb mir nichts anderes übrig, als mich eines Morgens mit ihm zu einem dieser Trips zu verabreden. So hatte ich einen ganzen Tag Zeit und Gelegenheit, meinen Chef, der nun mal der alleinige Eigentümer, Geschäftsführer und damit Geldgeber war, von einem der ersten Bauprojekte zu überzeugen – was in der gelösten Stimmung eines quasi Urlaubstages an der See auch gelang und woran sich Böhnensieker in der Folge auch ohne Wenn und Aber hielt. Bevor der Winter kam, stand die zweite Fertigungshalle bereits, und verdoppelte die damalige gesamte umbaute Fläche des Unternehmens.

Franz Böhnensieker besichtigt den Neubau einer neuen Produktionshalle

Irgendwann im Jahre 1987 zeigte sich der Inhaber immer öfter mit Leuten in der Firma, die niemand kannte. Ein für viele Mitarbeiter durchaus beunruhigender Aspekt. Wären es Kunden gewesen, hätte zumindest ich sie gekannt. Ich wurde aber höchstens hier und da einmal den Herren oder selten auch Damen vorgestellt und es kam nicht zu tieferen Gesprächen, die Rückschlüsse auf deren

Provenienz zuließen. Irgendwann wurde es mir zu bunt und ich sprach meinen Chef konkret auf diese mysteriösen Besuche an. Zwar überraschend, aber bei näherer Betrachtung nur folgerichtig, wenn man die letzten Jahre Revue passieren ließ, erfuhr ich nun, dass Böhnensieker ernsthaft mit dem Gedanken spielte, seine Firma zu verkaufen.

Was in vielen Unternehmen ein Schock hätte sein können – war es hier bei Licht betrachtet keineswegs. Schließlich hatte sich bei seinem Management schon damals der Gedanke durchgesetzt, dass es im Zweifel nur besser werden konnte. Wie dieser geplante Unternehmensverkauf schlussendlich ausgehen würde, konnte zu diesem Zeitpunkt aber noch wirklich niemand ahnen.

Daher ist der oben gewählte Ausdruck „mit dem Gedanken spielen" in diesem Zusammenhang wohl der Beste, der sich für den folgenden, fast drei Jahre andauernden Prozess finden lässt. Weder gab es ein ordentliches Exposé zum Objekt des Verkaufes, noch wurde ein halbwegs professioneller M&A[51]-Berater engagiert. Am meisten irritierte aber wohl die ersten Interessenten, dass es keine halbwegs nachvollziehbare Herleitung des recht fulminanten Unternehmenswertes gab, den der Inhaber schnell und unaufgefordert aufrief. Aber der Reihe nach:

Nach ein paar Monaten und verschiedenen Gesprächen wurde Böhnensieker zunächst sehr schnell klar, dass er seine Firma nicht ohne einen Geschäftsführer verkaufen konnte. Schließlich wollte er das Unternehmen, wenn überhaupt, in Zukunft nur noch sporadisch begleiten, um sich vornehmlich anderen Dingen widmen zu können. So kam es, dass er im Sommer 1988 seinen zu diesem Zeitpunkt schon nicht mehr sonderlich überraschten Vertriebsleiter fragte, ob er nicht in die Geschäftsführung seines Unternehmens eintreten wolle, neben ihm natürlich. Der erste Teil des Angebotes erfreute mich, der zweite Teil weniger, kannte ich doch die Eigenheiten meines möglichen zukünftigen „Partners mit besonderen Rechten" in der Geschäftsführung. Nun war aber auch klar, dass

---

51 Mergers & Acquisitions

die Firma veräußert werden sollte und insofern erschien die Lage doch etwas offen, gegebenenfalls sogar gestaltbar. Ab dem 15. Juli 1988 hatte das Unternehmen nun also zwei Geschäftsführer, zwei Geschäftsführer mit zwei grundsätzlich unterschiedlichen Charakteren und noch unterschiedlicheren Interessen.

Da ich die Firma zu diesem Zeitpunkt faktisch auf der technischen und vertrieblichen Seite sowieso seit Jahren führte, allerdings ohne in Gänze und wenn dann nur auf erheblichen Druck in die Finanzzahlen eingeweiht zu werden, würde sich nicht viel ändern. Tat es dann aber doch viel schneller als erwartet.

Einer meiner ersten Schritte war die Etablierung einer regelmäßigen Besprechungsrunde, die zunächst montagnachmittags und schon kurze Zeit später immer freitagmittags stattfand, übrigens vom ersten Tag an und auf meinen ausdrücklichen Wunsch ohne den Inhaber, was die Befürchtung nährte, dass ich hier ein Küchenkabinett bildete, das bei erster Gelegenheit von meinem mächtigen Mitgeschäftsführer überrumpelt werden würde. Eine Gefahr, die sich später aber durch zahlreiche, teils auch tragische Ereignisse als vollkommen unbegründet herausstellen sollte.

Der vordergründig für die Verlegung vom Montag auf den Freitagmittag kolportierte Aspekt, dass freitags die Straßen sowieso zu voll seien für irgendwelche Geschäftsreisen, verdeckte den Hauptgrund dieser Verlegung: Irgendwann wollten die leitenden Mitarbeiter und natürlich auch der Chef, fast alle übrigens Familienväter, freitagnachmittags ja auch mal nach Hause und so wurde das Ende dieser Sitzungen immer absehbar. Heute haben manche Firmen diesen Aspekt sogar noch dahingehend verfeinert, dass sie viele Besprechungen gleich im Stehen abhalten. So findet auch jede Besprechung ihr natürliches Ende.

Es liegt nun mal in der Natur des Menschen, dass seinem Denken eine gewisse Subjektivität anhaftet. Das trifft natürlich auch für einen Geschäftsführer und besonders für den gerade erst mit dieser Ehre betrauten zu. Also bildete sich ein kleiner Kreis aus den damals fünf leitenden Mitarbeitern der Firma, die in wenigen Jahren eine ganz besondere Rolle im Unternehmen übernehmen würden. Neben mir waren dies Andreas Harig für die Entwicklung, Heinz Mertens für die Konstruktion, Lothar Brandt für die Fertigung und Hubert Oberscheidt für den Service. Ein paar Monate später kam dann noch der damalige Leiter des Rechnungswesens Ludger Brüggemann hinzu. Dies mag dem geneigten Leser schon einmal einen kleinen Hinweis auf die bereits erwähnte kritikwürdig bescheidene Bedeutung geben, die ich diesem Bereich damals besonders und später leider immer mal wieder beimaß.

Ein interdisziplinäres Meeting dieser Besetzung in einer Firma dieser Größe bildet den Garanten dafür, dass Subjektivität sich Richtung Objektivität entwickeln kann. In jedem Fall werden die Entscheidungen nicht nur besser, sie werden auch, so sie denn dann getroffen sind, von allen mit Engagement mitgetragen. In den nächsten Jahren würde der Kreis der Teilnehmer zwar kontinuierlich größer werden, aber er blieb überschaubar, diskussions- und entscheidungsfähig und wurde damit ein weiterer bestimmender Teil der Unternehmens-DNA. Dieses Besprechungs- oder besser Führungskonzept führten ebenfalls sukzessive die größeren Tochtergesellschaften ein und garantierten damit auch dort effektive Kommunikations- und Entscheidungsstrukturen.

Ein besonderer Aspekt dieser dann über zwei Jahrzehnte währenden Institution „Freitagsbesprechung", zu der übrigens auch von Fall zu Fall andere Abteilungsleiter eingeladen wurden, würde werden, dass so gut wie niemals Entscheidungen per Abstimmung getroffen werden würden, sondern es wurde immer so lange diskutiert, bis Konsens herrschte.

Erwähnenswert ist noch, dass mir ein Aspekt dieser Besprechung besonders wichtig war. Damals schon, durchaus für eine gewisse Ungeduld bekannt, manche nannten es auch Hektik, wollte ich in diesem Kreis die Eile und den Stress der Arbeitswoche außen vor lassen und zu wirklich guten, in Ruhe diskutierten und abgewogenen Entscheidungen kommen. Das gipfelte dann manchmal in einer geradezu gemütlichen Arbeitsatmosphäre, einem Kaffeeklatsch nicht unähnlich. Geburtstage von Teilnehmern wurden als willkommener Anlass für Eis oder Kuchen gesehen, freitags vor Weihnachten gab es natürlich Christstollen zum Kaffee.

Einer der nächsten Schritte sollte die Gründung eines Betriebsrates sein, schließlich musste man als Geschäftsführer jemanden haben, mit dem man auf der Mitarbeiterseite reden konnte. Also initiierte ich recht pragmatisch dessen Aufstellung. In diesem Zusammenhang erinnern wir uns kurz an das eben beschriebene ausgestopfte Wiesel im Büro des Inhabers, welches mit diesen zwei Klapperschlangen rang. Man kann sich daher leicht Böhnensiekers kaum enden wollende Begeisterungsstürme vorstellen, als ihm diese „ausgemachte Schnapsidee" seines neuen Geschäftsführers zu Ohren kam.

Der neue zweite Mann im Unternehmen, Heinz Harling

Ein erstes Open House im Herbst 1988 mit damals schon äußerst respektabler Beteiligung von Repräsentanten der großen Druckereien und OEMs festigte den Ruf des Unternehmens in der Druckindustrie, was zum Ende dieses Jahres schon mit 45 Beschäftigen einen respektablen Umsatz von 12 Mio. DM erwirtschaften würde, 75 Prozent davon bereits in dieser Industrie, in der sich der Inhaber immer weniger zu Hause fühlte. Durch seine sich langsam durch sprudelnde Unternehmensgewinne entwickelnden finanziellen Freiheiten konnte er es sich auch sehr wohl leisten, sich noch mehr von seiner Firma zu entfernen und das Leben zu genießen. Die Mitarbeiter füllten diese entstandene Lücke mit Eigenständigkeit. Ein überaus gutes Training für das, was später kommen sollte. Denn während sich die Angestellten der Firma weiter um das Geschäft kümmerten, kümmerte sich der Chef nun noch intensiver um seine Verkaufsabsichten. Irgendwann hatte er auch einen professionellen Berater engagiert, der half, ein erstes echtes Exposé zum Unternehmensverkauf zu erstellen. Diese Verbindung hielt leider, wie so oft bei seinen damaligen Geschäftspartnern, nicht lange, viele Aspekte des Exposés aber schon.

Dessen ungeachtet entwickelte sich langsam und vorsichtig ein spezieller Firmenaspekt, der noch heute eine der sozialen Säulen des Unternehmens ist, die Kantine: Gab es in den Anfangsjahren nur einen lieblosen „Aufenthaltsraum", wurde nun damit begonnen, mittags einen echten Mittelpunkt zu schaffen, an dem nicht nur kulinarisch etwas geboten wurde, sondern auch jede Menge Gelegenheit zum Gespräch mit den Kollegen. Erste externe Essenslieferungen von Fertiggerichten bildeten nur den Anfang, der schnell von einer eigenen Küche mit eigenem Personal und ansprechenden, mehrfach erweiterten Räumlichkeiten samt einem Außenbereich ersetzt wurde. Heute, Jahrzehnte später, bildet die Kantine für viele den unbestrittenen informellen Mittelpunkt des Unternehmens.

Obgleich sich große Veränderungen am Horizont abzeichneten, lief das eigentliche Geschäft überraschend ungestört und erfolgreich weiter. Auch die erheblich in die Jahre gekommene Kommunikationstechnik entwickelte sich. Endlich fand eine moderne Telefonanlage den Weg in die Firma und ich gönnte mir, allen neuen technischen Dingen immer mit großer Begeisterung zugeneigt, ein C-Netz[52] Autotelefon. Nach eintägigem Werkstattaufenthalt

---

52 Das C-Netz war ein analoges, zellulares Mobilfunknetz der deutschen DeTeMobil und wurde von 1985 bis 2000 betrieben.

war das ebenso schwere wie sündhaft teure Gerät mittels mächtigem Kabelbaum im Auto verbaut und wenn man Glück hatte, sprich einen Sendemast in der Nähe, konnte man damit unterwegs sogar auch manchmal telefonieren. Der Hersteller verstieg sich sogar im Prospekt zu der Aussage, dass man dieses Prachtstück deutscher Ingenieurskunst auf Geschäftsreisen abends mit ins Hotelzimmer nehmen könne. Dass man dazu allerdings zur Vermeidung ernsthafter Rückenschäden eine Sackkarre benötigt hätte, war dem nicht zu entnehmen.

5. Kapitel
Management Buy Out und neue Regeln
Ende des Familienunternehmens
(1989-1995)

*„Nichts ist ewig, weder in der Natur noch im Menschenleben,
ewig ist nur der Wechsel, die Veränderung."*
August Bebel
(1840-1913)

Menschen verändern sich, Firmen allerdings auch. Dabei kommt es nicht selten vor, dass Mensch und Firma irgendwann nicht mehr zusammenpassen. Dies gilt nicht nur für Mitarbeiter, sondern auch für das Management, bisweilen sogar für den Chef oder gar Eigentümer. Dies zu erkennen und in geordneter Weise umzusetzen, gehört zu den sensibelsten und schwierigsten Aufgaben, denen sich ein Unternehmen in Verantwortung für seine Mitarbeiter, Kunden und Lieferanten stellen muss. Verweigert man sich dieser Aufgabe, verweigert man dem Unternehmen Chancen zu seiner Entwicklung und damit einer prosperierenden Zukunft. Und nur die sollte bei allen Entscheidungen im Vordergrund stehen.

Das Jahr 1989 läutete eine Zeitenwende ein. Zunächst gliederte der Firmenchef auf Anraten seines M&A-Beraters die letzten wenig erfolgreichen verbliebenen Aktivitäten des UV-Bereiches aus. Sie firmierten damals schon unter dem Namen BUVAS[53]. Ein Freund von ihm übernahm später die Restaktivitäten, den wenigen noch übrigen Mitarbeitern wurde gekündigt oder technotrans übernahm sie. Karl-Heinz Baier, der nach wie vor Verantwortliche für diesen Bereich, zog es vor, diesen Wechsel nicht mitzumachen, und gründete in Folge sein eigenes kleines Unternehmen[54]. Es spezialisierte sich, unterstützt vom in den vergangenen Jahren aufgebauten Know-how und von Kontakten, auf den Vertrieb von verschiedensten UV-Strahlern. Sein Betrieb existiert auch heute, Jahrzehnte später zum Zeitpunkt des Erscheinens dieses Buches, immer noch als kleiner, aber feiner Handelsbetrieb.

---

53 Böhnensieker UV-Anwendungssysteme
54 baier-uv gmbh & co kg, Ostbevern

Zahlreiche Kaufinteressenten gaben sich auch noch zu Beginn des Jahres 1989 die Klinke in die Hand. Die am weitesten reichenden Verhandlungen führte Böhnensieker mit der Fa. ALKEM[55], einer Tochter der damaligen NUKEM in Hanau, den Älteren noch als Brennelemente-Hersteller für Kernkraftwerke bekannt. Das Unternehmen befand sich zur damaligen Zeit wegen Sicherheitsbedenken bei Lagerung und Transport von Brennelementen in erheblicher Kritik und wollte zwecks Sicherung der Zukunft in andere Geschäftsfelder investieren. Eine wirkliche technische oder marktseitige Sinnhaftigkeit oder gar eventuelle Synergien dieses Deals standen also nicht zu befürchten. Zu diesem Zeitpunkt fügte ich mich als Co-Geschäftsführer noch leicht fassungslos in mein Schicksal und hatte sogar bereits den Entwurf eines Geschäftsführervertrages der ALKEM für die neue Tochtergesellschaft auf dem Tisch liegen – gleich neben den Bewerbungen bei anderen Unternehmen, die ich inzwischen anschrieb.

Dann überschattete jedoch ein überaus tragisches familiäres Ereignis die Gesamtsituation. Roger, der Sohn des Firmenchefs, welcher hier und da schon mal in den Ferien in der Firma gearbeitet hatte, auch ein gewisses Interesse für das, was dort geschah, zeigte und womöglich einmal die Firma hätte übernehmen können, verunglückte eines Nachmittags mit seinem Motorrad derart schwer, dass er ein paar Tage darauf einer schweren Hirnverletzung erlag. Ein beispielloser Schicksalsschlag für jede Familie, der auch in der Firma seine Spuren hinterlassen sollte. Wenige Tage später stoppte Böhnensieker verständlicherweise im Schock dieses Ereignisses erst einmal die Verhandlungen mit der ALKEM.

Nicht wenig überraschend nahm er jedoch wenige Wochen später seine Verkaufsbemühungen mit jetzt noch größerem Nachdruck wieder auf, diesmal allerdings aus Gründen, die heute nicht mehr exakt nachvollziehbar sind, nicht mehr mit der ALKEM. Als mögliche Gründe wurden kolportiert: Uneinigkeit

---

55 Nach dem Transnuklearskandal übernahm Siemens 1988 die Anteile von NUKEM und benannte ALKEM in „Siemens Brennelementewerk Hanau um.

beim finalen Kaufpreis und bei den zu gebenden Garantien sowie die Weigerung des Kaufinteressenten den UV-Bereich ebenfalls zu übernehmen.

Der Inhaber hatte schon seit einiger Zeit Kontakt zu Horst von Lengerke, dem damaligen Geschäftsführer der WestKB, der Kapitalbeteiligungsgesellschaft WestLB[56]. Wie dieser Kontakt zustande kam, ist heute ebenfalls nicht mehr zu ergründen. Von Lengerke schaffte es in seiner ruhigen und besonnenen Art, nicht nur Böhnensiekers Vertrauen zu gewinnen, sondern auch den Veräußerungsprozess in konkrete Strukturen zu lenken, in Strukturen, in denen die leitenden Angestellten seiner Meinung nach auch eine Rolle spielen mussten, wenn dieser Deal ein Erfolg werden sollte. Schließlich waren das die Leute, die diese Geschichte auch in Zukunft zum Erfolg führen sollten. Hier bahnte sich eine Interessengleichheit an.

Irgendwann in diesem langwierigen Verkaufsprozess war nämlich auch bei mir das Gefühl gewachsen, dass es so nicht weitergehen konnte. Das in den letzten Jahren immer weiter gewachsene Wir-Gefühl und ein wenig Stolz auf das Geschaffene passten nicht zu dem Eindruck, dass diese Firma nun wie ein warmes Brötchen an den Meistbietenden verkauft werden sollte. Gemeinsam mit „meinen" leitenden Angestellten Harig, Brandt, Mertens und Oberscheidt hatte ich bereits seit Längerem einen Plan geschmiedet, in die Gesellschafterrolle der damaligen GmbH einzusteigen, um einen Verkauf an „Irgendwen, der hier als letzter über den Hof lief" gegebenenfalls zu verhindern oder womöglich sogar Einfluss auf diese Entscheidung nehmen zu können. Damit herrschte schnell eine Übereinstimmung mit von Lengerke, der im Falle einer Beteiligung natürlich ein motiviertes Managementteam brauchte und, der Natur einer Kapitalbeteiligungsgesellschaft entsprechend, keine strategischen Interessen besaß.

---

56 Westdeutsche Landesbank. Sie wurde 2012 in drei Teile aufgespalten. Der heutige Rechtsnachfolger ist die Portigon AG.

Zunächst überwogen aber einmal die Vorbereitungen auf die im Frühjahr des Jahres 1990 anstehende DRUPA. Ein geradezu riesiger Messestand verglichen mit den früheren Jahren sollte im Markt ein unmissverständliches Zeichen setzen: Hier kam ein neuer, ernst zu nehmender Lieferant der Druckindustrie. Ein Lieferant mit einer hoch motivierten Mannschaft und mit ein paar interessanten Produktideen. Was dann jedoch auf dieser Messe geschah, geriet zum Schock ohne Gleichen. Ein Schock, der aber ironischerweise zu einem der entscheidenden Entwicklungssprünge des Unternehmens beitrug.

Ausstellungsgeräte auf der DRUPA 1990

Ungeachtet der ganzen Aufregungen und Turbolenzen des geplanten Management Buy Outs hatte sich die technotrans-Mannschaft sorgfältig auf diese damals nur alle fünf Jahre stattfindende Messe vorbereitet. Man hatte einen hübschen Messestand, konnte eine erste saubere Gerätepalette zeigen und durfte schon an einigen auf der Messe produzierenden Druckmaschinen seine Geräte installieren, eine Art von Ritterschlag in dieser Branche für das damals noch recht kleine Unternehmen. Einem gelungen Messeauftritt stand also zwei Tage vor Messebeginn nichts mehr entgegen – bis zu einem denkwürdigen nachmittäglichen Rundgang von Harig, Oberscheidt und mir über die noch im Aufbau befindliche Messe.

Zwischen Kisten und Unmengen Verpackungsmaterialien entdeckten wir in der Messehalle der Heidelberger Druckmaschinen AG unter einer gerade aufgestellten und zudem auch noch meistverkauften Maschinen[57] ein vollkommen neues, truhenförmiges und noch dazu namenloses Feuchtmittel-Aufbereitungsgerät unter dem rückseitigen Laufsteg. Unschwer war an einigen Komponenten zu erkennen, dass Heidelberger Druckmaschinen es mit dem Wettbewerber Baldwin entwickelt hatte. Dass zudem niemand bei technotrans von dieser Entwicklung etwas mitbekommen hatte, gab diesem sofort von allen Umstehenden als Katastrophe wahrgenommenen Umstand den letzten Schliff.

Man kann sich heute kaum noch vorstellen, welch unglaubliche Tragweite diese Entdeckung zu diesem Zeitpunkt haben konnte. Sollte dies die nächste große Krise der Firma werden? Eine substanzielle Krise in einer ganzen Reihe von Krisen der Vergangenheit, noch dazu wenige Monate vor dem geplanten Management Buy Out? Wollte man nicht die Firma als OEM-Lieferant positionieren und ausgerechnet der größte Druckmaschinenhersteller der Welt stellte ein Gerät aus, welches er mit dem Hauptwettbewerber der technotrans entwickelt hatte, noch dazu allem Anschein nach exklusiv.

Jedem OEM-Hersteller ist klar, dass frei nach der amerikanischen Redensart „Fly with eagles or scratch with chicken[58]" und bei allem Respekt für die anderen überaus respektablen Druckmaschinenhersteller der damaligen Zeit, ein wirklich großer Erfolg in diesem Segment nur möglich war, wenn man auch den größten Hersteller der Welt an seiner Seite hatte. Sämtliche Hoffnungen

---

57 Es handelte sich damals um eine Heidelberg Speedmaster 102 mit 6 Druckwerken.

58 frei übersetzt: „Man muss sich entschieden, ob man mit Hühnern scharren oder mit Adlern fliegen will."

und Träume der Teilnehmer des geplanten Management Buy Outs auf eine prosperierende Zukunft des Unternehmens rückten damit schlagartig in weite Ferne.

Harig und ich fuhren an diesem Abend vollkommen geplättet, uns die wildesten Vermutungen und Szenarien ausmalend, wieder zurück zur Firma, während Oberscheidt weiter den Messeaufbau am nächsten Tag betreute und dabei versuchte, weitere Detailinformationen einzuholen. Hier und da leuchteten in den Köpfen der Heimreisenden zwar schon erste Ideen auf, aber mehr nicht.

Am nächsten Morgen wurde unverzüglich in aller Frühe eine Krisensitzung mit einigen der kreativsten Köpfe des Unternehmens anberaumt. Nachdem das Wettbewerbsgerät per schneller Skizze an einem Whiteboard im Konferenzraum vorgestellt war, begann die Diskussion über die ersten erkennbaren Nachteile dieses zwar auf den ersten Blick innovativen, aber, wie sich bei eingehender Betrachtung herausstellte, sicher doch nicht unbedingt zukunftsweisenden Konzeptes. Die Komponenten erschienen schlecht zugänglich, die Führung der warmen und den Druckprozess störenden Abluft war äußerst suboptimal und einige neue kältetechnische Elemente wurden als kritikwürdig bewertet. Kurz: Ein aus ganz eigener Sichtweise des Teams offenbar nicht zu Ende gedachtes Konzept. Glücklicherweise!

Schnell ging man von der Kritik am Gesehenen zur wesentlich wichtigeren Frage über: Wie würde denn technotrans ein solches Gerät bauen? Ein Gerät, welches nicht nur alle diese Punkte adressieren, sondern auch vollkommen neue Wege gehen musste, um den Kunden Heidelberg überzeugen zu können, sich gegebenenfalls doch noch auf eine Alternative einzulassen. Andreas Harig gebührt hier die Ehre, an diesem Morgen die erste von vielen entscheidenden Ideen beigesteuert zu haben, die den Markt der Feuchtmittel-Aufbereitungsgeräte und nicht nur diesen in Zukunft revolutionieren sollte: Man müsste das Gerät aufrecht in Form eines Schrankes hinstellen, den Feuchtmitteltank unten platzieren und die Kältemaschine darüber[59] – Warmluftabfuhr nach oben, wo sie niemanden störte. Binnen einer Stunde stand ein fertiges Konzept auf dem Board. Doch was war jetzt zu tun? Es wäre toll gewesen, wenn man diese Idee vor einem Jahr gehabt hätte! Jetzt war das Kind in den Brunnen gefallen. Das neue Wettbewerbsgerät würde übermorgen auf der Messe stehen, ohne auch nur eine Minute auf technotrans-Ingenieure und deren geniale Einfälle zu warten.

Stunden später wurde dann die wohl waghalsigste Idee geboren, die in diesem Unternehmen jemals das Licht der Welt erblickt hatte: „Wir präsentieren dieses neue Gerät als Messehighlight und von langer Hand erdachte Konzeptstudie und, um dem ganzen auch noch die Krone aufzusetzen, gleichzeitig als Exklusivprodukt für den Heidelberger Druckmaschinen Konzern – dies zwar nicht für immer, aber für eine begrenzte Zeit." Eine perfekte Winwin-Situation für beide Unternehmen. Nachdem sich alle Beteiligten eine Weile schweigend angesehen hatten, wurde man sich schnell einig, dass das eventuell funktionieren könnte. Nicht nur das: Man war sich sogar sehr einig, dass dies die einzige Chance war, in Zukunft überhaupt noch erfolgreich zu werden.

Innerhalb eines Tages wurden die Konzeptzeichnungen und zugehörigen Beschreibungen erstellt und lagen bereits am nächsten Morgen auf der Messe zur Präsentation bei den Entscheidungsträgern der unterschiedlichsten Abteilungen des Kunden bereit. Was bleibt am Ende zu sagen? Es funktionierte! Nicht nur die technisch versierten Mitarbeiter der Entwicklung und Konstruktion des Heidelberg-Konzerns sahen die unbestreitbaren Vorteile des neuen technotrans-Konzeptes, auch in dessen Vertrieb und Management kam es gut an. So dauerte es nur ein paar Wochen, bis Heidelberg ein erstes Mustergerät in Auftrag gab. Ein Mustergerät, von dem es nicht mehr als eine mit heißer Nadel gestrickte Konzeptstudie gab.

---

59 Bis zu diesem Zeitpunkt hatten alle Feuchtmittel-Aufbereitungsgeräte die Kältemaschine unten und den Tank oben darüber.

80

Glücklicherweise mehrten sich die bei Licht betrachtet äußerst geringen Erfolgschancen von technotrans durch Ereignisse außerhalb des eigenen Einflussbereiches: Das vom Wettbewerber gelieferte Truhengerät fiel später durch zahlreiche technische Störungen viel zu oft im Feld aus. Und „im Feld" hieß im Falle von Heidelberger Druckmaschinen in der ganzen Welt. So konnten Reparaturen oder Nachbesserungen schnell den Neupreis des Gerätes übersteigen, vom Ärger in den zahllosen Druckereien ganz zu schwiegen. Denn steht die Feuchtmittel-Aufbereitung, steht die gesamte Druckmaschine. Irgendwann, Jahre später, entschloss man sich sogar, diese Geräte komplett vom Markt zu nehmen und gegen die neuen, nun langsam Serienstatus erreichenden technotrans-Geräte auszutauschen, was zu einem gewaltigen Umsatzschub führte.

Dieses spannende Kapitel der Firmengeschichte nimmt nicht ohne Grund an dieser Stelle derart viel Raum ein. War es doch der Startpunkt einer ganzen Reihe von bahnbrechenden Innovationen auf diesem Gebiet. Schon wenig später machte man sich im Unternehmen Gedanken darüber, wie man dieses Konzept weiter ausdehnen könnte. Warum sollte man nicht unterschiedlichste Versorgungsgeräte einer Druckmaschine in dieser Schrankform bauen, alle im gleichen passenden Design und in einer Reihe aufgestellt? Der Offsetdruck war zwar ein sehr kostengünstiges Druckverfahren, dessen diffizile Technik jedoch von einer ganzen Reihe komplexer Nebenaggregate bedient werden musste. Damit sähe es endlich auch einmal hinter einer Druckmaschine nicht mehr aus wie „Kraut und Rüben". Warum sollte man diese Geräte nicht auch alle datentechnisch miteinander verbinden? Warum sollte nicht auch das Abwärme-Problem in einer solchen Konfiguration endlich lösbar sein, z. B. durch eine gemeinsame Wasserkühlung. Und warum sollten dabei nicht viele interessante Produkte für technotrans herausspringen?

Erleichterte Mitarbeiter auf der DRUPA 1990, v. l. n. r.: Hubert Oberscheidt, Heinz Harling, Andreas Harig, Peter Böcker

Eine auf der DRUPA 1990 drohende totale Katastrophe konnte durch technische Kreativität und nie da gewesener Chuzpe nicht nur abgewendet, sondern würde die Chance bieten, zu einem der größten Erfolge des Unternehmens umgemünzt zu werden. Mehr noch: Diese Erfahrung eines beispiellosen Zusammenhalts in der gesamten Belegschaft in der Bewältigung eines riesigen Problems stärkte das Vertrauen der Managementgesellschafter, das Risiko einer Beteiligung an diesem Unternehmen einzugehen.

Die Verhandlungen der zukünftigen Managementgesellschafter mit dem Inhaber über ihre möglichen Anteile sowie deren Preis verliefen jedoch langwierig und leider auch nicht immer freundlich. Die leitenden Mitarbeiter waren in den letzten Jahren der Abwesenheit des Inhabers einfach schon zu weit auf den Fahrersitz des Unternehmens gerutscht, als dass sie ihm gestatten wollten, dieses nun einfach an den Meistbietenden zu veräußern, ohne von den von ihnen erarbeiteten Chancen ein wenig zu profitieren. Was ihnen aber noch wichtiger war, waren die Chancen des Unternehmens in ihrem Sinne und mit ihren Ideen zu nutzen und das hieß in ihren Augen, insbesondere dessen Selbstständigkeit ohne Wenn und Aber zu erhalten.

Von Lengerke gelang es, erste konkrete Strukturen für einen „Deal" mit Böhnensieker zu diskutieren. Auch gestaltete sich von Lengerkes Verhältnis zu mir von Anfang an vertrauensvoll, sodass an eine für alle drei Seiten tragbare Lösung gedacht werden konnte. Diese Lösung hieß Management Buy Out. Der Wunsch des Managements, geboren aus den misslichen Erfahrungen der vergangenen Jahre, war, bei einem wie auch immer gestalteten Verkauf einen Geschäftsanteil von 26 Prozent zu erwerben. Genau ab diesem Anteil garantiert nämlich das GmbH-Gesetz eine Sperrminorität, mit der wichtige Entscheidungen blockiert werden können. Gleichzeitig gab von Lengerke zu erkennen, dass in einem solchen Fall die restlichen 74 Prozent aus Gründen des Klumpenrisikos nicht allein von der WestKB übernommen werden könnten. Folgerichtig brachte von Lengerke mit der Hannover Finanz Beteiligungsgesellschaft und in Person von Joachim Simmroß einen zweiten Partner schon kurze Zeit später bei.

Was für das Managementteam an dieser Stelle besonders wichtig war: Beide Gesellschaften galten als sogenannte „Evergreens", d. h. sie stellten üblicherweise ihre Mittel „zunächst unbegrenzt" zur Verfügung. Man stand also nicht unter dem zeitlichen Druck eines baldigen Exits, sondern hatte Partner, die das Unternehmen längerfristig begleiten würden und damit die kontinuierliche Entwicklung und nicht eine kurzfristige Maximierung ihres Einsatzes im Auge hatten.

Vom ersten Tag der Verhandlungen hatte ich, entgegen des ursprünglichen ausdrücklichen Wunsches von von Lengerke, darauf bestanden, dass alle fünf Manager zu gleichen Teilen beteiligt würden. Hierbei spielten zwei Überlegungen eine Rolle: Zum einen war ich mir sicher, dass die große Aufgabe der nächsten Jahre nur als Team zu lösen war, und als dieser Teamspieler verstand ich mich immer. Da gehörten sich nun mal auch gleiche Anteile.

Ferner war mir klar, dass auch ich niemals einen dafür notwendigen Betrag hätte finanzieren können, ohne mein damals sehr überschaubares Privatvermögen vollständig zu verpfänden, was zu diesem Zeitpunkt ausschließlich der kleine und seit Generationen im Familienbesitz befindliche elterliche Hof gewesen wäre, den ich auch erst vor wenigen Jahren unter Auszahlung meiner Geschwister übernommen hatte und den ich niemals in Gefahr bringen würde.

Da nun aber Böhnensieker seine konkreten, man darf sogar sagen recht fürstlichen Preisvorstellung hatte, konnten wir fünf Manager uns einfach ausrechnen, was hier finanziell zu stemmen war – und das, obwohl klar war, dass wir einen, wenn auch geringfügigen Preisvorteil gegenüber den institutionellen Investoren erhalten sollten. Schließlich hatten wir nicht unmaßgeblich daran mitgearbeitet, diesen Wert überhaupt erst möglich zu machen. Pro Nase sollte uns die Beteiligung einen Betrag in Höhe des Gegenwertes eines überaus stolzen Einfamilienhauses kosten und damit einer Summe, die von niemandem der Fünf zum damaligen Zeitpunkt hätte beigebracht werden können. Erste Gespräche mit den jeweiligen Hausbanken desillusionierten jedoch, da diese keinerlei echte Bereitschaft zeigten, in eine solche Finanzierung einzusteigen. So gab es zwar einen wunderschönen Plan für ein Management Buy Out, aber keine Finanzierung für das beteiligte Management. Zur damaligen Zeit durchaus nichts Ungewöhnliches.

Schlussendlich fand sich nach zahlreichen ergebnislosen, teils sogar überaus ärgerlichen und zeitverschwendenden Gesprächen mit in solchen Dingen vollkommen risikoaversen lokalen Sparkassen und Banken, mit der Sparkasse Detmold ein potenzieller und williger Kreditgeber. Sie, die Hausbank von Andreas Harig und damit eines der Fünf am Management Buy Out beteiligten, ließ sich, nach Kräften unterstützt von Horst von Lengerke, auf dieses Wagnis ein, wobei die Verbindung der WestLB zu den Sparkassen sicher auch eine Rolle spielte. Als Grundbedingung sollte jeder der Fünf 10 Prozent des Kapitals als Eigenkapital aufbringen und für die restlichen 90 Prozent sollten die einzelnen GmbH-Gesellschaftsanteile dieser Bank verpfändet werden. Selbst diese 10 Prozent waren für die meist jungen Familienväter eine echte Herausforderung, die teils sogar über weitere private Kredite bestritten werden mussten. Man kann sich vorstellen, dass es in manchen Familien damals zu recht lebhaften Diskussionen kam – um diesen Aspekt an dieser Stelle im freundlichen Rückblick betrachtet recht vorsichtig auszudrücken. Was man sich viele Jahre später auch würde nicht mehr vorstellen können, war ein anfänglicher Kreditzins von 8,6 Prozent per anno, ein Wert, der dem damaligen Zinsniveau und einem entsprechenden Risikoaufschlag geschuldet war. Einem Wert, der dem Management in den späteren Jahren so manches Mal den Angstschweiß ausbrechen lassen würde, wenn mal wieder die jährlichen Zinszahlungen anstanden.

Franz Böhnensieker (l.) und Heinz Harling beglückwünschen sich am Tag der Unterzeichnung

Am 29. Mai 1990 war es dann so weit: In der Kanzlei eines Gütersloher Notars kam es zur Vertragsunterzeichnung. Besonders hervorzuheben ist an dieser Stelle, dass der Vertrag rückwirkend zum 1. Januar 1990 geschlossen wurde, um einen klaren Stichtag mit Inventur und geprüften Bilanzen als Vertragsgrundlage zu haben. Für die Fünf ein gewaltiger Schritt, der nicht nur von positiven Gefühlen begleitet wurde. Es könnte eine große Chance bedeuten, es könnte uns aber auch finanziell komplett ruinieren, vom Verlust des Arbeitsplatzes ganz zu schweigen. Es sollte aber anders kommen.

Auch für Franz Böhnensieker dürfte diese Vertragsunterzeichnung ein bewegendes Ereignis gewesen sein, was man ihm, der sonst eher gern im Mittelpunkt des Geschehens gestanden hatte, an diesem Tag unschwer anmerken konnte. Er hatte diese Firma gegründet und fast 18 Jahre geleitet. Er hatte sie durch Höhen und Tiefen geführt und dabei ein recht respektables Unternehmen mit einem Umsatz von fast 20 Mio. DM aufgebaut, welches ohne Zweifel auch weitere Chancen auf eine prosperierende Zukunft barg.

In einer heute noch im Archiv der Firma vorhandenen, von ihm handschriftlich verfassten, gedruckten und gebunden Festschrift zu seiner feierlichen Verabschiedung am 31. Mai 1990 bedankte er sich mit bewegten, teils tränenerstickten Worten bei seinen ehemaligen Mitarbeitern und seiner Familie. Gleichzeitig zeigte dieser Festakt den übernehmenden Gesellschaftern in augenfälliger Weise noch ein letztes Mal die kreative, aber auch geradezu erschreckend unstrukturierte Gedankenwelt seines Verfassers, dem nun ein stolzer Erlös aus diesem Verkauf helfen würde, eventuell aufkommende Trauer über den Verlust seiner Firma zu verschmerzen.

Auf einer rein faktischen Ebene betrachtet, stellten die Vorgänge der vergangenen Monate einen schlichten Generationswechsel dar, ein Wechsel wie er in allen Betrieben irgendwann einmal, dem normalen Lauf des Lebens gehorchend, notwendig ist. Manchmal gelingt es, diesen Schritt in der Familie zu tun, manchmal aber auch nicht. Unbedingten Erfolg garantiert weder das eine noch das andere. Das hierbei ebenfalls die Unternehmensanteile in neue Hände gelangten, würde weiteres Umdenken erzwingen.

Wie in fast allen Betrieben, in denen Kapitalbeteiligungsgesellschaften engagiert sind, wurde umgehend unter Vorsitz von Horst von Lengerke ein sechsköpfiger Beirat gegründet, welcher die zukünftigen Aktivitäten des Unternehmens begleitete. Ihm gehörte für die Hannover Finanz Joachim Simmroß an, jeweils die zuständigen Projektleiter der beiden Beteiligungsgesellschaften sowie als Vertreter der Managementaktionäre Andreas Harig und Hubert Oberscheidt. Die kaufmännischen Belange wurden in diesem Gremium, heute kaum noch vorstellbar, immer noch vom teilzeitbeschäftigten Kaufmann Ludger Brüggemann wahrgenommen. Für mich, nach wie vor auf Technik und Markt fokussiert, jetzt aber alleinvertretungsberechtigter Chef, immer noch lästiges Beiwerk. Dass ich speziell von substanzieller finanzieller Planung des Geschäftsverlaufes zu diesem Zeitpunkt noch nicht viel hielt, gab ich leider auch dem etwas verdutztem Beirat gegenüber zum Besten: Wir würden halt alles so gut machen, wie es eben ging. Das sollte ich aber noch lernen.

Der Schritt von einem Familienunternehmen zu einem institutionellen Unternehmen birgt eine Menge an Veränderungen. Ein Eigentümer lenkt und entscheidet in der Regel in seinem Unternehmen nach seinem Gusto, schlicht weil es ihm gehört. Natürlich ist das entscheidend von der Person des Eigentümers abhängig. Ist er konsensorientiert und bei seinen Mitarbeitern auf breite Zustimmung bedacht – oder ist er in seinen Entscheidungen selbstherrlich oder gar despotisch? Wird eine strenge Führung gelebt, wird diskutiert und gemeinsam entschieden oder lässt man die Leute in der Firma einfach machen?

Im Falle Franz Böhnensiekers entzieht sich diese oben genannte Einordnung einer klaren Bewertung. Seine bisweilen extremen Launen und Stimmungsschwankungen trieben seine Mitarbeiter oft genug mangels notwendiger Führung und stringenten Verhaltens an den Rand des Wahnsinns. Er konnte an manchen Tagen ein konsensorientierter, kreativer und um seine Mitarbeiter besorgter Chef sein und ließ am nächsten Tag genau diese Eigenschaften vollständig vermissen. Josy Böhnensieker bezeichnete es in einem sehr viel späteren Gespräch im Rahmen der Recherche für dieses Buch in Anspielung auf sein Sternzeichen einmal so: „Das war der Zwilling in ihm." Am Rande und in allem Respekt seiner Person gegenüber sei hier erwähnt, dass es den meisten Menschen nur sehr schwer gelingt, aus dem Schatten ihrer genetisch geprägten Veranlagungen und gemachten Erfahrungen zu treten.

Als neuer Geschäftsführer fand ich mich nun in einer Rolle wieder, in der ich diese Form der unsteten Führung unter allen Umständen vermeiden wollte. Nicht das subjektive Empfinden einer Einzelperson sollte in Zukunft die Entscheidungsgrundlage sein, sondern eine möglichst objektive Meinungsbildung. Eine Meinungsbildung, die dann aber auch konsequent durchgesetzt werden sollte. Die inzwischen fest zur Firmenkultur gehörende Freitagsbesprechung würde das richten.

Eine typische Freitagsbesprechung dieser Tage

Der ursprünglich gefasste Plan, dem ehemaligen Inhaber in den nächsten Jahren noch einen Platz als gern gesehenen Altinhaber zu erhalten, ließ sich leider, trotz erster, durchaus ernst gemeinter Versuche, nicht umsetzen. Zu schwer war es für ihn, zu realisieren, dass sein Unternehmen jetzt nicht mehr in seiner Verfügungsgewalt stand, sondern dass es sich nun um ein institutionelles Unternehmen handelte, in dem er nur eine Stimme unter vielen hatte,

88

noch dazu nicht einmal die Stimme eines Gesellschafters. Schließlich hatte er ja mit Nachdruck darauf bestanden, alle seine Anteile abzugeben. Schwer war es aber auch für die neuen Verantwortlichen, ihm einen Raum für seine Ideen und Wünsche einzuräumen, die sie im Übrigen auch immer weniger teilten. Wenige Monate später kam es wegen einer hier nicht näher zu erläuternder Marginalie zum unvermeidlichen Bruch, der leider auch nicht wieder gekittet werden konnte. Die Erfahrung der durchaus schwierigen Einbindung von Altgesellschaftern würde das Unternehmen später bei den dann folgenden zahlreichen Akquisitionen immer wieder machen und irgendwann in der Regel komplett darauf verzichten, Altinhaber langfristig einzubinden.

Ohne Zweifel erlebte nicht nur das Managementteam die nächsten Monate als eine Befreiung. Gleichzeitig wuchs aber auch das Gefühl, jetzt wirklich ohne Wenn und Aber die Verantwortung für ein ganzes Unternehmen zu tragen. Mitarbeiter, Kunden und Lieferanten hatten ihre unterschiedlichsten Erwartungen ebenso wie ein nun breiter aufgestellter Gesellschafterkreis. Würden sich doch mit Sicherheit bei jedem dieser beteiligten Gruppen ungeahnte Chancen, aber auch Risiken einstellen, denen alle in sachgerechter und verantwortungsvoller Weise begegnet werden müsste. Man würde es aber schaffen, schaffen müssen, denn auch das private Vermögen, oder besser ein ganzer Berg Schulden, stand auf dem Spiel.

Glücklicherweise stieg die Anzahl der Druckmaschinenhersteller, die technotrans-Produkte einsetzten, bedingt durch den Erfolg auf der in jeder Hinsicht bemerkenswerten DRUPA. Man erweiterte die Produktpalette kontinuierlich, um damit für die Druckmaschinenhersteller dieser Welt noch attraktiver zu werden. Denn auch hier veränderte sich die Welt: Druckmaschinenhersteller wollten die Anzahl ihrer Lieferanten reduzieren und suchten starke, möglichst international aufgestellte Partner. Eine Herausforderung, die die technotrans gmbh als Nächstes zu meistern hatte.

Nun mag sich diese ganze Unternehmensentwicklung bis zu diesem Zeitpunkt und mit gnädig rückblickendem Auge als lineare und strategisch sauber geplante Abfolge darstellen: Ein Unternehmen fokussiert sich vom Gemischtwarenladen auf seine Kernkompetenz Verfahrenstechnik, u. a. dem Kühlen und Temperieren von Flüssigkeiten in einem bestimmten Industriebereich. Es positioniert sich zudem in einem Technologiebereich, in dem sein Kunde, der Druckmaschinenhersteller, recht wenig zu bieten hat. Dessen Domäne ist nun mal in erster Linie der hochpräzise schwere Maschinenbau.

Dem war aber nicht in allen Bereichen so: Zur Erarbeitung eines breiten Programms hatten sich in den vergangenen Jahren auch Produkte wie Druckplatten-Abkantmaschinen, dazugehörige Druckplatten-Stanzen und Silikon-Auftragsgeräte für Rotationsmaschinen bei technotrans angesammelt, alles typische Vertreter der Gattung Maschinenbau, einem Bereich in dem technotrans zu wenig substanzielles Know-how vorweisen konnte, von starken Wettbewerbern einmal abgesehen. Es sollte aber leider noch Jahre dauern, bis auch diese Produkte nach und nach aus dem Portfolio des Unternehmens verschwinden würden.

Wollte man den kompromisslos international agierenden Kunden ein adäquater Partner sein, musste jetzt auch die internationale Expansion in Angriff genommen werden. Bisher arbeitete technotrans auf den Auslandsmärkten ausschließlich mit provisionsorientierten selbstständigen Vertretungen zusammen. Diese Konstellation war auf Dauer im Sinne eines konsistenten, weltweit einheitlichen Marktauftritts als fokussierter OEM-Lieferant nicht möglich. Wie schon geschildert, hatte sich auf den DRUPA-Messen 1986 und 1990 mit John Stacey ein freundlicher junger Engländer auf dem technotrans-Messestand interessiert gezeigt, der sich als technischer Leiter der Fa. MG Electric, des englischen Lizenznehmers der Fa. Royse aus Dallas, Texas vorstellte. Zeitweise übrigens begleitet vom ebenfalls schon erwähnten David Stinson. Hier bahnte sich in zahlreichen Gesprächen nicht nur ein gemeinsames technisches und strategisches Verständnis von der Entwicklung des Marktes der Druckindustrie an, sondern auch ein persönliches und freundschaftliches Vertrauensverhältnis zu beiden. Dies führte am Ende dazu, dass technotrans seinem damals nur mäßig erfolgreichen englischen Handelsvertreter kündigte und Stacey seinen Job beim Wettbewerber. Im Februar 1991 avancierte er zum General Manager der ersten technotrans eigenen Auslandsgesellschaft[60], die sich schnell und erfolgreich entwickelte und so zur Blaupause für zahlreiche Gründungen in anderen Ländern werden sollte. Und für Staceys Karriere im Unternehmen bedeutete es nur den Anfang.

Das Unternehmen wuchs und 1993 konnte der Bau eines ordentlichen, aber vergleichsweise noch kleinen dreistöckigen Verwaltungsgebäudes in Angriff genommen werden. Für jeden im Unternehmen der sinnfällige Beweis, dass es aufwärtsging. Dass dieses Verwaltungsgebäude in einigen Jahren gerade einmal groß genug sein würde, um einen Teil des später gegründeten Geschäftsbereiches „global document solutions" aufzunehmen, von dem später noch die Rede sein wird, konnte zu diesem Zeitpunkt niemand ahnen.

Zu Beginn des Jahres 1993 wurde es dem Beirat mit der doch etwas suboptimalen Besetzung des kaufmännischen Parts mit dem nach wie vor in Teilzeit angestellten Mitarbeiter doch etwas zu kritisch. Schon im März konnte mit Hilmar Welpelo ein professioneller kaufmännischer Leiter gewonnen werden, der dann später am 1. Januar 1996 zum kaufmännischen Geschäftsführer bestellt werden würde. Welpelo brachte nach Banklehre, Betriebswirtschaftsstudium und einiger Berufserfahrung in der internationalen Wirtschaftsprüfung und dem Unternehmens-Controlling das ideale Rüstzeug mit, um den kaufmännischen Bereich des noch jungen Unternehmens für die Zukunft fit zu machen. Hierbei war sicher auch der Ordnungsaspekt der Kapitalbeteiligungsgesellschaften nicht ganz unwichtig. Deren Gesellschaften sollten möglichst uneingeschränkte Testate der Wirtschaftsprüfer erhalten und über ein aussagefähiges Rechnungswesen als Steuerungs- und Controllinginstrument verfügten. Da war es schon notwendig, ein wirklich in allen Bereichen professionelles Management installiert zu haben.

---

60 technotrans graphics ltd. Colchester, Essex

Ein weiterer und sicher nicht ganz unwichtiger Aspekt zeigte sich auch recht schnell: Welpelo bildete mit den Managementgesellschaftern und mit mir in der Geschäftsführung schnell ein zugkräftiges Team, was sich nicht nur in fachlicher und persönlicher Akzeptanz zeigte, sondern auch im Spaß an der Arbeit und Spaß am Erfolg.

Mit der Gründung von technotrans france s.a.r.l konnte 1993 ein weiterer Schritt in Richtung der dringend notwendigen Internationalisierung gemacht werden. Später sollte diese Tochter, angesiedelt in St. Maxim im Norden von Paris, auch noch verantwortlich für den spanischen Markt werden, nachdem sich dort eine eigene Vertretung nicht realisieren ließ.

In dieser Zeit ereignete sich auch ein für alle Beteiligten recht überraschender Wechsel im Beirat. Die WestLB trennte sich von Horst von Lengerke, dem Mitinitiator des Management Buy Outs und bis zu diesem Zeitpunkt sicher die graue Eminenz dieses Gremiums. Ausschlaggebend für diesen für das Unternehmen überraschenden Schritt war wohl unter anderem eine unglückliche Beteiligung seiner Gesellschaft an einem ostwestfälischen Unternehmen[61]. Die WestLB als Muttergesellschaft der WestKB entschied sich, von Lengerke durch Joachim Voss als Geschäftsführer zu ersetzen. Voss übernahm folgerichtig auch den Sitz im technotrans-Beirat. Der Vorsitz wechselte allerdings zu Joachim Simmroß als nun dienstältestem Mitglied der Kapitalseite. Beide ahnten zu diesem Zeitpunkt sicher noch nicht, dass sie bald in ihren neuen Funktionen in vielerlei Hinsicht spannende Zeiten erleben würden.

Langsam setzte sich die neue Idee der Schrankbauweise im Markt immer mehr durch. Man konnte in den Fachmagazinen der Druckindustrie überall von „der neuen Linie hinter der Druckmaschine" lesen. Artikel, die natürlich von technotrans lanciert worden waren.

---

61 Balsam AG, Steinhagen, das Unternehmen geriet durch erhebliche kriminelle Machenschaften u. a. des Eigentümers in Schieflage und musste 1994 Konkurs anmelden.

Ein innovativer Gedanke begann sich durchzusetzen und Druckmaschinenhersteller für Druckmaschinenhersteller schwenkte auf
diese Linie ein und damit auf technotrans. Der Druck wurde in
der Branche derart hoch, dass selbst Wettbewerber dieses Konzept
adaptieren mussten, um zukünftig überhaupt noch eine Chance zu
haben. Eine Chance, die von ihnen damals noch weidlich genutzt
wurde, bevor viele von ihnen vom Markt verschwanden.

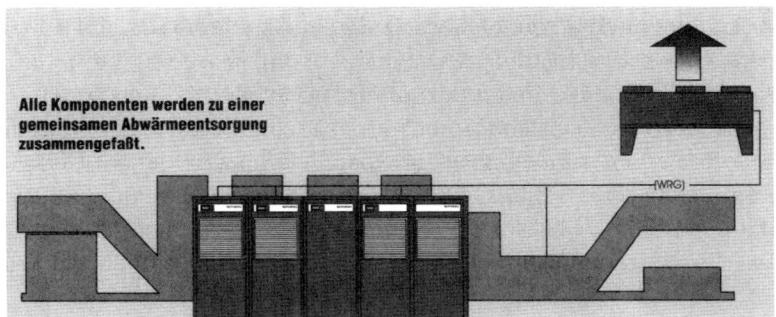

Erste Konzeptzeichnung „der neuen Linie hinter der Druckmaschine"

Wieder einmal wurde die Produktionsfläche zu klein. Diesmal
brauchte die inzwischen auf zwei Personen angewachsene Geschäftsführung aber nicht mehr nach Sylt fliegen, um die notwendige Investitionsentscheidung zu bekommen, sondern man setzte
sich mit seinen Leitenden zusammen, besprach das Projekt mit
dem Beirat und schon lief die Sache. Auf einem Freigelände auf
der gegenüberliegenden Straßenseite des Stammsitzes entstand
binnen weniger Monate mit Werk 2 die größte aller bisher bestehenden Fertigungshallen mit einem angegliederten Büro- und
Sozialtrakt. Beim Bau dieser Halle, wie bei allen zukünftigen
Baumaßnahmen, tat sich erstmals der neue und dann langjährige
Leiter des Einkaufs, Karl Ertl, hervor, was ihn in Zukunft für zahlreiche, noch folgende Baumaßnahmen qualifizierte.
  Immer neue Geräte wurden auf Basis der Schrankbauform entwickelt, besonders hervorgehoben sei an dieser Stelle die Entwick-

lung von Farbwerk-Temperiergeräten[62] und ganz besonders der ersten sogenannten Kombinationsgeräte. Es handelte sich hierbei um eine Kombination aus einem Feuchtmittel-Aufbereitungsgerät und einer Farbwerktemperierung, die in einem Gehäuse von einer Kältemaschine bedient wurden. Eine Technik, die Platz sparte und eine einfachere Wärmeabfuhr bei den zu dieser Zeit entwickelten wassergekühlten Kältemaschinen ermöglichte. Eine Technik, die aber in wenigen Jahren zu einem Patentrechtsprozess ungeahnten Ausmaßes mit dem Wettbewerber Baldwin führen sollte. Zunächst einmal bereitete dieser Umstand aber noch keine Sorgen. Die kamen vielmehr aus einer ganz anderen Ecke.

Das englische Unternehmen MG Electric aus Colchester begann, ganz erheblich Einfluss auf Heidelberger Druckmaschinen zu nehmen. Dort produzierte man einfache und sehr kostengünstige Geräte, mit denen technotrans nicht Schritt halten konnte. Was lag da näher, als John Stacey, dem Geschäftsführer der englischen Tochtergesellschaft und ehemaligem Mitarbeiter von MG Electric, anzubieten, quasi auf der anderen Seite der Stadt dieses Wettbewerbers einen Betrieb aufzubauen, der diese Geräte nicht nur hier entwickeln, sondern auch fertigen sollte. 1995 war es dann so weit. Die Produktion einfacher und preiswerter Feuchtmittel-Aufbereitungsgeräte bei technotrans graphics limited begann. Ein inzwischen stattlicher Konzernumsatz von über 65 Mio. DM bei einer ordentlichen Marge würde zum Ende des Jahres 1995 zu erwarten sein. Da konnte man beruhigt einen zweiten Fertigungsstandort angehen. Es stand ja zu erwarten, dass es noch eine ganze Weile so weitergehen würde. Dass man diesen Produktionsstandort nach ein paar recht erfolgreichen Jahren aus ganz anderen Gründen wieder aufgeben würde, konnte zu diesem Zeitpunkt noch niemand ahnen.

Ein anderes bemerkenswertes Ereignis des Jahres sei an dieser Stelle ebenfalls noch erwähnt, war es doch die erste vorsichtige

---

62 Die Farbwerke einer Druckmaschine müssen wegen der sich stark verändernden Viskosität der Farben auf einer möglichst konstanten Temperatur gehalten werden.

Aktivität des inzwischen sehr auf die Druckindustrie fokussierten Unternehmens in Richtung einer branchenseitigen und in diesem Fall wesentlich mehr dienstleistungsorientierten Diversifikation. Dies sollte der erste Schritt in Richtung eines strategischen Ansatzes werden, der schnell unter den Begriffen „Standbein/Spielbein" zum festen Bestandteil derartiger Diskussionen werden sollte. Das „Butter und Brot-Geschäft" sollte fest auf solidem Boden stehen und daneben wollte man sich vorsichtig, bisweilen sogar spielerisch, andere Optionen in anderen Märkten und Technologien erarbeiten – leider manchmal sogar zu vorsichtig.

Im Bestreben, nicht nur ordentliche Produkte auf den Markt zu bringen, sondern auch das Umfeld dieser Produkte möglichst perfekt zu gestalten, hatte man in den letzten Jahren besonderen Wert daraufgelegt, unter anderem auch die produktbegleitenden Unterlagen zu perfektionieren. Bedienungs-, Wartungs- und Serviceanleitungen, kurzum alles was unter dem Oberbegriff „Technische Dokumentation" zusammengefasst wird, wurde hausintern von einem kleinen Team um Ulrich Pelster erstellt.

Nach der ursprünglich mit Schreibmaschine und Tuschezeichnungen auf Basis des flapsig gern als „KAP"-System[63] erstellten Dokumentation, hielt gerade in diesem Bereich der Fortschritt schnell Einzug. Ein eigens zu dieser Dokumentationsherstellung angeschaffter PC mit einer 200 MB großen Festplatte diente dabei als Werkzeug, vom damaligen Händler mit den hellseherischen Worten angepriesen: „Diese Festplatte kriegt ihr nie voll!"

Es dauerte nicht lange, da wurde technotrans im Hause Heidelberger Druckmaschinen als leuchtendes Beispiel für professionelle Umsetzung der Dokumentationen gehandelt. Es ergaben sich erste Dienstleistungsaufträge und ein sich kontinuierlich in vielen Branchen und bei vielen namhaften Kunden entwickelndes Geschäft.

Das rasante Wachstum der technotrans innerhalb der Druckindustrie stand dabei hier und da diesem damals noch recht kleinen

---

63 Kopieren, Ausschneiden, Prittstift

Geschäftsbereich bei Kunden aus ebendieser Industrie schon mal im Wege. Kaum hatte technotrans mit dem Gedanken gespielt, ins Trocknergeschäft einzusteigen, verlor man nicht ganz überraschend einen gerade gewonnen Trocknerhersteller als Kunden für technische Dokumentationen.

Es fällt dem Chronisten schwer, die weitere Entwicklung dieses kleinen, aber dennoch feinen Geschäftsbereiches in diesem Zusammenhang und innerhalb des vorgegebenen Zeittableaus dieses Buches zu würdigen. Daher nur so viel: Über zahlreiche Entwicklungsschritte wie z. B. der Entwicklung eines eigenen Redaktionssystems[64], welches mit über 2.000 Anwendern das verbreitetste System im deutschsprachigen Markt darstellt, prosperierte dieser Geschäftsbereich, heute firmiert er unter gds GmbH[65], und trägt mit zwei eigenen Tochtergesellschaften sowie Kunden u. a. in den Niederlanden, Frankreich, Portugal, Italien und China mit einem Umsatz von 10 Mio. Euro zum Gesamtumsatz des Konzerns bei. Natürlich wird auch heute noch die technische Dokumentation aller technotrans-Produkte von der gds als externem Dienstleister erstellt. Leider kann technotrans oft nicht mit so spannenden Produkten dienen wie z. B. gds-Kunden des heute mit etwa 60 Mitarbeitern vergleichsweise kleinen Unternehmens: Bei einem Auftrag in der Vergangenheit lautete die Aufgabe, eine Betriebsanleitung für eine Schweine-Besamungsstation zu erstellen. Etwas schräg war dabei nur, dass ausgerechnet ein vegetarisch orientierter technischer Redakteur dieser Aufgabe betraut wurde. Obwohl dieser damit nicht unbedingt die besten Voraussetzungen für diesen Job bot, gelang auch diese Aufgabe problemlos.

Insgesamt waren diese Jahre geprägt von der Einführung von Personal Computern auf breiter Front. Ein Nixdorf Zentralrechner nahm seine Tätigkeit auf und alle PCs wurden vernetzt. Schnell wurde auch eine ERP-Software[66] installiert, die viele Geschäfts-

---

64 Produktname „doculab", später umbenannt in „docuglobe"

65 global document solutions

66 ERP = Enterprise Ressource Planning

prozesse vereinfachte. Auch ein erstes noch recht rudimentäres CAD-System fand den Weg in die Konstruktion, wo von nun an alle Neukonstruktionen nur noch digital erstellt werden sollten.

Nachdem Tim Berners-Lee das World Wide Web 1992 ins Leben gerufen hatte, dauerte es auch in einem Technologieunternehmen wie technotrans nicht lange, bis es sich dieses Mediums bediente. Schon 1994 wurde mit Novell GroupWise[67] eine unternehmensweite Kommunikationsplattform installiert und konsequent genutzt. Viele Mitarbeiter bekamen ihre persönliche Mailadresse und handschriftliche Kalender wurden verbannt – nicht unbedingt zur Freude vieler noch im analogen Zeitalter verhafteter Mitarbeiter. Dass später irgendwann einmal jeder Mitarbeiter fast alle Informationen, zu denen er Zugang hatte, auf einem Gerät namens „Smartphone" abrufen würde können, stand allerdings noch jenseits aller Vorstellungskraft.

Eine weitere, äußerst bemerkenswerte Veränderung der jährlichen betrieblichen Weihnachtsfeiern ergab sich in diesen Jahren. Waren frühere Feiern meist etwas öde und steif dahergekommen, zu Böhnensiekers Zeiten oft mit rührseligen, manchmal sogar tränenreichen Ansprachen des Firmeninhabers, kristallisierte sich langsam eine Kultur von Weihnachtsfeiern heraus, die noch heute ihresgleichen im gesamten Münsterland sucht. Ein über den ganzen Abend vollgestopftes Programm, vorgetragen von einzelnen Mitarbeitern oder ganzen Gruppen, bot in bester Kabarettmanier ein in jeder Hinsicht humorvolles Programm, welches vor nichts und niemand haltmachte und so ziemlich jedes herausragende Ereignis des abgelaufenen Jahres durch den Kakao zog. Besonderen Spaß machte es natürlich, die Geschäftsführung oder andere Leitende mal so richtig aufs Glatteis zu führen oder diese mit feinem Spott zu belegen. Auch selbst für die „Betroffenen" in jedem Jahr eine herrlich respektlose Veranstaltung, auf die man sich schon Wochen vorher

---

67 Novell GroupWise ist eine netzwerkbasierende Kommunikationsplattform für Windows- und Linux-Umgebungen, vergleichbar mit Microsoft Outlook.

freute und die noch in den Monaten danach für einigen Gesprächs-stoff sorgte. Lediglich die benötigte Saalgröße änderte sich in den folgenden Jahren bis zu einem Punkt, an dem kein Saal der Stadt mehr ausreichen würde und ein ordentliches Schützenfestzelt auf dem Firmengelände zur Regel werden sollte.

6. Kapitel
Das rote Haus
Entwicklung auf allen Ebenen
(1996-1998)

„Man muss nicht nur mehr Ideen als andere, sondern auch die Fähigkeit besitzen, zu entscheiden, welche dieser Ideen gut sind."
Linus Pauling
(1901-1994)

In jedem Unternehmen prägen sich irgendwann Mythen und Erzählungen in das kollektive Gedächtnis der Beschäftigten ein. Je älter es wird, desto zahlreicher werden sie. Diese Mythen und Erzählungen sind es, die ein Stück seiner Geschichte und damit seiner Kultur tragen. Sie geben Auskunft über besondere Vorgänge, Ereignisse und Katastrophen oder beschreiben nette Anekdoten, die das Wesen des Unternehmens geprägt haben und auch heute noch prägen. Bestenfalls werden sie zu Narrativen, die folgenden Generationen Mut machen, eingefahrene Wege zu verlassen, einmal einen großen, ungewöhnlichen, vielleicht sogar risikoreichen Schritt zu gehen und dabei, mit etwas Glück, wirklich Neues zu schaffen.

Natürlich lief Mitte der 1990er-Jahre nicht alles rund: Neuentwicklungen dauerten zu lange und behinderten zudem die inzwischen standardisieren Abläufe des Alltagsgeschäftes in der Konstruktion. Nennen wir es an dieser Stelle einmal Wachstumsschmerzen. Eine Zäsur der technisch/organisatorischen Aufstellung des Unternehmens stand an. Konkret sollte dies in einer Trennung von Entwicklung und Konstruktion geschehen. Hier bescherte ein glücklicher Zufall einen Ausweg mit weitreichenden Folgen: Gegenüber der damaligen Firmenzentrale stand ein privates Wohnhaus zum Verkauf, glücklicherweise sogar mit einem überaus großen Grundstück, welches später noch eine wichtige Rolle spielen sollte. Dieses Haus, ein roter, schmuckloser Klinkerbau im Siedlungsstil, wurde kurz entschlossen gekauft und beherbergte ab April 1996 die neu gegründete Entwicklungsabteilung, zunächst kommissarisch geleitet durch Hubert Peick. Eine Abteilung, die in den nächsten Jahren bahnbrechendes auf den Weg bringen würde.

Ein Team aus den kreativen Köpfen der Konstruktion und nach und nach ergänzt um ausgewiesene, immer öfter auch promovierte Entwickler fand sich zusammen. Ab dem Jahr 2000 wurde es ge-

leitet von Dr. Dietger Hesekamp und nach wie vor ebenso tatkräf-
tig wie kreativ unterstützt von Hubert Peick. Besonderes Gewicht
wurde dabei daraufgelegt, dass hier nicht nur typische Maschinenbauer zusammenarbeiteten, sondern neben diesen Kunststofftech-
niker, Elektroniker und später auch ein promovierter Chemiker.
Nach Produktgruppen zusammengefasst saß die bunte Mannschaft
in Räumen des kaum veränderten ehemaligen Wohnhauses zusammen, die nicht etwa fantasielos wie in manch anderen Unternehmen
nach Städten, Ländern, berühmten Erfindern oder gar mit Ziffern
und Nummer benannt wurden, sondern nach deren ursprünglicher
Nutzung. So residierten ein paar junge Elektroniker im Raum „Ess-
zimmer" und zwei andere produktorientierte Teams in den Räumen
„Wohn- oder Schlafzimmer". Die Räume „Küche" und „Keller"
fungierten als Versuchsräume und für besonders gefährliche Unter-
suchungen wie Druck- und Berstprüfungen[68] bot sich der besonders
im Winter etwas zugige ehemalige Schweinestall an, der früher zu
jedem ordentlichen Siedlungshaus in dieser Region gehörte.

„Das rote Haus", im Hintergrund der Neubau des technocenters

---

68 Eine Berstprüfung ist ein bauteilorientierter zerstörender Test zur Bestimmung des
    Berstdruckes von Hohlkörpern.

Natürlich präsentierte man den immer zahlreicher zu Besuch kommenden Teams der Druckmaschinenhersteller zunächst diese Räumlichkeiten nur ungern und wenn nötig nur in etwas verschämter Weise. Doch schnell erschloss sich auch diesen Besuchern der besondere Geist der hier stattfindenden pragmatischen Entwicklungsarbeit, die später oft genug zu äußerst erfolgreichen Produkten führten.

Hintergrund des Aufbaus dieser immer größer werdenden Entwicklungsabteilung war nicht nur der Wunsch, das Unternehmen technisch vom Wettbewerb abzuheben, sondern auch Produkte und einzelne spezifische Bauteile zu entwickeln, die derart viele konkrete Alleinstellungsmerkmale besaßen, dass der Markt auch um komplette technotrans-Produkte nur noch schwer herumkommen würde. Echte Leuchttürme im Einerlei allzu leicht kopierbarer Technik. Was nutzte es, wenn man zwar mit einem Produkt gerade erfolgreich war, morgen aber bereits von einer x-beliebigen Firma kopiert werden konnte. Aber nicht nur das: technotrans wollte auch das Verfahren des Druckens in seiner Tiefe besser verstehen, um so der denkbar kompetenteste Partner der Druckmaschinenhersteller für diesen speziellen Technologiebereich weltweit zu werden.

Doch es ging nicht nur um neue Produkte. Die kontinuierlich ansteigenden Produktionsstückzahlen ermöglichten im Rahmen der eingesetzten Fertigungsverfahren ein vollständiges Umdenken. Massenherstellungsverfahren wie Kunststoff-Spritzguss boten sich für bestimmte, immer wiederkehrende Bauteile an, waren aber nur der erste Schritt zu einem echten Seriengerätehersteller. Die sich kontinuierlich verbessernde Marktposition musste genutzt werden, um diese Position nicht nur technisch, sondern auch auf der Kostenseite langfristig zu festigen oder bestenfalls sogar noch ausbauen zu können.

Man begann damit, Elemente von hohem funktionalem Wert für das Gesamtsystem selbst zu entwickeln, statt sie bei Zulieferern einzukaufen. Elemente, die somit originär zu technotrans-Elementen mit anwendungsspezifischen Vorteilen wurden und die es jedem Wettbewerber, so denn er nicht über die Stückzahlen und/oder der Finanzkraft zu dessen nicht unerheblicher Vorfinanzierung verfügte, schwer machen würden, es mit technotrans aufzunehmen. Elemente, die dann aber auch als Ersatzteil nur originär bei technotrans zu beschaffen wären und nicht auf dem freien Markt, was dem damals gerade aufblühenden Serviceumsatz guttat.

Den Beginn dieser Bemühungen kennzeichneten eigenentwickelte Wasserstrahlpumpen[69], die bis dato immer aus industriell üblichen Kunststofffittings zusammengesetzt worden waren, ergänzt durch eine Düsenpaarung aus Drehteilen. Das Ergebnis dieser Entwicklung war nicht nur eine erhebliche Kostenreduktion, sondern Funktionsverbesserungen, echte Zusatznutzen und eine extrem hohe Modularität.

Ermutigt durch diesen schönen Erfolg wagte man sich an die Dosiertechnik des Feuchtmittelzusatzes[70]. Natürlich gab es auf dem Markt sogenannte fremdenergielos arbeitende Dosiertechnik[71]. Diese verfügte aber in aller Regel weder über einen geeigneten Einstellbereich, noch war die Dichtungstechnik auf die besonderen Bedingungen der im Offsetdruck verwendeten, teils erheblich aggressiven Chemikalien ausgelegt. Später würde sogar ein Versuch unternommen werden, diese gelungene Eigenentwicklung in anderen Industriebereichen einzusetzen – was aber leider misslang, da dies wegen des anhaltenden Erfolges in der grafischen Industrie zu wenig Aufmerksamkeit genoss und daher nicht mit ausreichendem Nachdruck verfolgt wurde. Ein Fehler, der sich irgendwann rächen würde.

---

69 Das Feuchtmittel wird in vielen Offset-Druckmaschinen zum Feuchtwerk gepumpt und muss, wegen oft zu kleiner oder ungünstig verlegter Rücklaufleitungen, abgesaugt werden.

70 Produktname „Doser"

71 Man versteht darunter eine Sonderform von Dosierpumpen, die einen vorhandenen Druck des Basismediums, z. B. Wasser, als Antriebsmedium nutzen, um diesem eine Chemikalie zuzudosieren.

Es folgte die Entwicklung eines eigenen Alkohol-Konstant-halters[72] nach einem vollkommen neuen Messprinzip. Ohne hier einen zu ambitionierten Vergleich zu bemühen, darf man sagen, dass sich unsere Entwickler vornahmen, aus einem Produkt rudimentärster Prägung ein echtes Hightech-Produkt zu machen, aus einem alten Trabant fast eine Mondrakete. Wenngleich diese Entwicklung geradezu unendlich viele technische Hürden zu überwinden hatte, einige Jahre dauerte und Unsummen des Forschungs- und Entwicklungsbudgets verschlang, gilt das Produkt noch heute als eines der hervorstechendsten Alleinstellungsmerkmale derartiger Produkte in diesem Industriebereich, da es in der Lage ist, auch sehr geringe Alkoholkonzentrationen sehr genau, sehr zuverlässig und gleichzeitig wenig verschmutzungsanfällig zu messen. Bemerkenswert an dieser Entwicklung war erstmals der Einsatz eines 3D-CAD[73] Programms, welches in dieser Zeit eingeführt wurde. Einfache Konstruktionsgeometrien konnten damit verlassen werden, was man dem finalen Produkt im positiven Sinne augenfällig ansah.

Als nächstes Produkt wandte man sich Sprühfeuchtwerken zu, welche speziell bei Zeitungsrotationen den kontaktlosen Auftrag des Feuchtmittels ermöglichten. Hier konnte zwar eine vollkommen neue Technologie der Ventiltechnik entwickelt werden, die eine bis dato ungeahnte Schaltfrequenz der Ventile[74] ermöglichten. Schlussendlich wurde dieses Produkt erst Jahre später wirklich erfolgreich, als man auch die Technik eines damals noch aktiven

---

72 Das Gerät misst die Alkoholkonzentration gaschromatografisch „Headspace", d. h. in der Gasphase über der schmutzigen Flüssigkeit den Alkoholgehalt mit einer Genauigkeit von +/- 0,1 Vol. %. Man hatte vorher schon ein ähnliches Verfahren eines Spin Offs der Technischen Hochschule Karlsruhe eingesetzt, welches aber viel zu verschmutzungsanfällig war – von der denkbar schlechten Kooperationsbereitschaft des kleinen Unternehmens ganz zu schweigen.

73 dreidimensionales computerbasiertes Konstruktions- bzw. Zeichenprogramm, CAD = Computer Aided Design

74 Es handelt sich um Ventile, die nicht nur in einer Sekunde weit über 100-mal öffnen und schließen können, sondern bei denen sogar die Zeitdauer des Offenhaltens einstellbar ist.

Wettbewerbers aus den USA im Rahmen einer Übernahme dieses Unternehmens ins Haus holte.

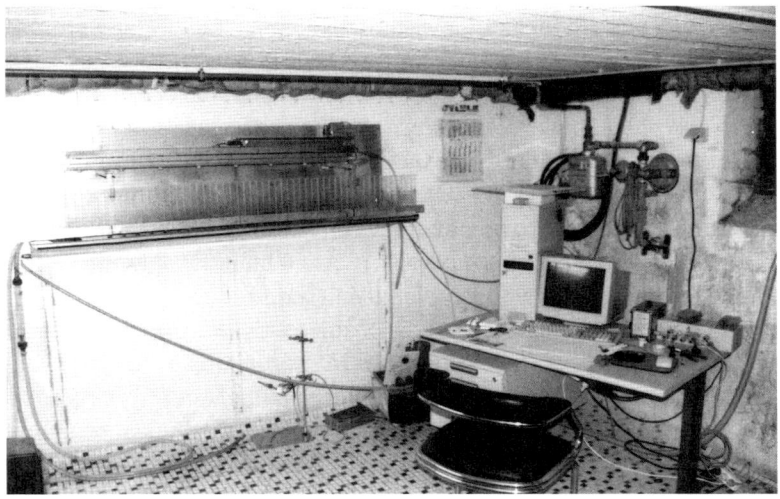

Ein „wissenschaftlicher" Versuch mit einem Sprühfeuchtwerk im „Roten Haus"

In dieser Phase begann eine der dunkelsten Wolken über dem Unternehmen aufzuziehen. Es erreichte technotrans eine Berechtigungsanfrage der Fa. Baldwin zu einem Patent zur Technik von Kombinationsgeräten, einer Baureihe, die inzwischen einen gehörigen Umsatzanteil des Unternehmens ausmachte. Noch relativ unbeeindruckt von diesem nach Meinung der Geschäftsleitung und der Ingenieure des Hauses haltlosen juristischen Ansinnen pflegte man weiter das Leben auf der Überholspur.

Eine alles beherrschende Strategie für das Unternehmen prägte sich in diesen Tagen in das Gedächtnis fast aller Mitarbeiter ein, eine Strategie, die noch viele Jahre später Segen und Fluch bedeuten würde: „Mehr technotrans pro Druckmaschine". Dieser griffige Slogan, später würde man so was den Nordstern eines Unternehmens nennen, untermauerte den Anspruch, den Herstellern dieser Maschinen immer mehr unterschiedliche Technik anbieten zu können, um so der marktführende Partner für Peripheriegeräte zu werden. Auch wenn schon nach wenigen Monaten jeder im Unternehmen und alle Kunden den Slogan kannten, so erschlossen sich doch viele Details dieser Strategie erst bei genauerer Betrachtung: Druckmaschinenhersteller sind exzellente Maschinenbauer. Ihre Welt besteht aus schwerem Guss, Stahl, hochpräziser komplexester Mechanik und Steuerungstechnik gepaart mit drucktechnischem Verfahrens-Know-how. Der anlagentechnische Aspekt des Druckens, das Handling der benötigten Flüssigkeiten, wässrigen Lösungen, Farben und Lacken versteht man eher nicht als Kernkompetenz, was auch nicht wundert. Dies betrifft nicht allein die Anlagen und Gerätetechnik, sondern auch Service und Reparaturen an diesen Geräten. In diese offensichtliche Lücke würde sich technotrans in den nächsten Jahren immer weiter hineinbegeben – und glücklicherweise oftmals von seinen Kunden mit offenen Armen empfangen werden.

Neben der Technik der mit wässrigen Lösungen arbeitenden Geräte wollte man sich nun auch dem Bereich Farbzuführung zuwenden, um für Druckmaschinenhersteller ein noch interessanterer Partner zu werden, denn auch Farbe ist eine Flüssigkeit, wenn auch eine besonders zäh fließende. Hier, wie bei allen anderen späteren Expansionsbestrebungen, stellte man sich erst einmal die Frage, wie man diesen Markteintritt sinnvoll gestalten sollte. Sinnvoll bedeutete in diesem Zusammenhang die Beantwortung einer zentralen Frage: Sollte man diese im Haus nicht bekannte Technik selber entwickeln oder sollte lieber ein bestehendes Unternehmen dieses Marktsegmentes übernehmen, um sich eine lange Lernkurve mit hohen Entwicklungskosten und ggf. sogar einen Preiskampf im Verdrängungswettbewerb zu ersparen. Insbesondere das technische Neuland, Farbzuführungen fördern hochviskose Medien teils über sehr weite Strecken und mit Drücken von bis zu 150 bar, verlangte den Ingenieuren des Hauses Respekt ab, von der notwendigen Mess- und Regeltechnik sowie Farbvorratslogistik einmal ganz abgesehen.

Nun sind Überlegungen in dieser Richtung nicht unbedingt so einfach wie gerade geschildert. Zahlreiche andere nicht ganz unkritische Fragen stellten sich: Welches Unternehmen besitzt überhaupt den technischen Standard, um den bei technotrans geltenden Anspruch der Marktführerschaft zu erfüllen oder zumindest ausreichend entwicklungsfähig zu sein? Ist überhaupt ein Unternehmen auf dem Markt, sprich zu kaufen, oder kann man die Eigentümer überzeugen, mit diesem auf den Markt zu kommen? Bleibt das Know-how im Unternehmen oder entschwindet es mit dem plötzlich wohlhabenden Alteigentümer? Wie stehen die Mitarbeiter zu einer Übernahme? Ist ein neuer Standort überhaupt sinnvoll? Viele dieser Fragen beantworteten sich von selbst, da die Druckindustrie eine überschaubare Branche ist und technotrans inzwischen lange genug am Markt agierte, um die Unternehmen, deren Marktposition und besonders auch die handelnden Personen zu kennen. Im Bereich der Farbzuführung entschied man sich für einen hybriden Ansatz aus Akquisition und Eigenentwicklung.

Mit der Fa. bvs Graphische Technik in Stadtbergen bei Augsburg konnte nach monatelangen Verhandlungen ein Unternehmen übernommen werden, welches eine hervorragende Stellung im Bereich der Farbzuführung bei Rollenoffsetmaschinen hatte. Da nach Gesprächen mit dem Kunden Heidelberger Druckmaschinen zu erwarten war, dass auch im Bogenoffset Farbzuführungen Einzug halten würden und diese sogar schon erste rudimentäre Funktionsmuster gebaut hatten, sollte diese Technik nun hausintern bei technotrans entwickelt werden. Ein erster Beweis, dass man der technotrans inzwischen eine solide Entwicklungskompetenz zutraute, und ein weiterer anspruchsvoller Job für die neue Entwicklungsabteilung im „roten Haus", der diese sehr lange beschäftigen sollte und ebenfalls Millionen verschlingen würde. Jahre später entstand hieraus ein Produkt namens ink.line[75], was noch heute die mit weitem Abstand weltweit marktführende Technik der au-

---

75 ink.line ist eine auf Farbkartuschen basierende Farbzuführung für Bogenoffsetmaschinen.

tomatisierten Farbzuführung an Bogenoffsetmaschinen darstellt und nur ein Element einer ganzen Reihe von Produkten in diesem Technologiebereich ist.

Die kartuschenbasierte Farbzuführung ink.line

Unglücklicherweise stellte sich bei dieser ohnehin sehr anspruchs-vollen Entwicklung heraus, dass auch die schon bestehende Farb-kartusche für eine automatische Farbzuführung ungeeignet war. Also musste man auch noch eine Ventiltechnik entwickeln, die technotrans kostenfrei an die Hersteller der Kunststoffkartuschen weitergab, um den endgültigen Markterfolg des Produktes ink.line zu gewährleisten.

Später wandte sich technotrans auch erfolgreich Geräten zu, die den im Druckprozess manchmal benötigten Lack[76] aufbereiteten

---

76 Druckprodukte werden oft ganzflächig oder spotweise mit glänzenden oder matten Lacken überzogen, um Erscheinung oder Gebrauchswert zu erhöhen. Es handelt sich hierbei um wasserbasierende Dispersionslacke oder UV-härtende Lacke.

beziehungsweise dem Lackierwerk der Druckmaschine zur Verfügung stellten. Ein weiterer Schritt in die Richtung, alles was in einer Druckmaschine fließt, technisch beherrschen und anbieten zu können. Dies nach wie vor ganz im Sinne der Druckmaschinenhersteller, die immer weiter dabei waren, die Anzahl ihrer Lieferanten zu reduzieren.

Leider musste das noch heute fest im Gedächtnis der Firma verankerte „rote Haus" schon 1998 dem Bau des sogenannten „technocenters"[77] weichen, ein Umstand, der bei vielen noch Jahre später wegen der besonderen Atmosphäre dieses Provisoriums bedauert wurde. Entschädigt wurde das äußerst kreative Team der Entwicklungsabteilung im darauffolgenden Jahr mit großzügigen Büro- und Versuchsräumen in einem neuen Gebäude. Hier fanden auch die IT, das zu dieser Zeit neu eingeführte Produktmanagement der einzelnen Produktlinien und der Vertrieb sein neues Zuhause.

An dieser Stelle gebührt dem langjährigen Einkaufsleiter des Unternehmens eine besondere Erwähnung: Nach den früheren „kleinen" Bauprojekten wurde nun auch dieses große Projekt von Karl Ertl verantwortlich geleitet. Wie der Name schon erkennen lässt, ein Vertreter eines süddeutschen Volksstammes, Uneingeweihten auch unschwer an seinem Dialekt erkennbar. Das wurde ihm, der immer mit demonstrativer Bayernflagge in seine verschiedenen Büros residierte, in der Regel nicht nachgetragen. Eher schon die offensive, gern montagmorgens nach wieder einmal gewonnenen Spielen vorgetragene Begeisterung an einem Münchener Fußballverein, dessen Klang in Westfalen begrenzte Strahlkraft hat. Vom ersten Tag der Planung bis zur Schlüsselübergabe übernahm er hierbei – und auch noch bei vielen zukünftigen Bauprojekten – die strenge Rolle des Vertreters des Bauherrn. Dass sein Chef die Begeisterung für das Bauen teilte, machte die Sache für beide auch in aller Regel zum Vergnügen.

Im Keller dieses neuen Gebäudes wurde ein abgeschirmter Versuchsbereich geplant, in welchem sogar eine komplette Druck-

---

77 heute „technocenter1"

maschine[78] aufgebaut wurde, selbstverständlich nach und nach mit allen Produkten der technotrans ausgerüstet. Ein eindeutiges Statement für jeden Druckmaschinenhersteller, dass man hier im Hause wusste, was man tat. Später sollte diese Maschine zur einzigen Bogenoffsetmaschine der Welt werden, die statt mit einem üblichen Filmfeuchtwerk mit Sprühfeuchtwerken ausgerüstet wurde. Dass diese Maschine sogar eine respektable Qualität ablieferte, man damit erstmals eine für viele Druckprodukte höchst sinnvolle zonenweise Feuchtung auf einer Druckplatte realisieren konnte, stellte sich selbst für Eingeweihte als faustdicke Überraschung heraus. Dennoch konnte sich diese Technik aus verschiedenen, hier zu weit führenden Gründen, im Markt nicht etablieren und wurde so zu einem hübschen Beispiel dafür, dass nicht jede mit großem Enthusiasmus betriebene Entwicklung auch zum Ziel führen muss.

Anlieferung der eigenen Druckmaschine für die Entwicklung

Die Firma wuchs und mit ihr auch manch organisatorisches Problem. Selbst Kleinigkeiten mussten sich einspielen und ebenso das

---

78 Es handelte sich um eine Heidelberg Speedmaster 72, 2 Farben.

Miteinander im Team oftmals neu austariert werden. Vor allem aber stellten die Meetings eine Herausforderung. Wie in so einigen Unternehmen, ob groß oder klein, ging es um die liebe Pünktlichkeit. Wie bekommt man eine gewisse Meeting-Disziplin hin, wenn sich eine Gruppe Mitarbeiter trifft und immer die gleichen zu spät kommen? So ein Meeting kostet schließlich Zeit und damit eine Menge Geld, zumal bei hoch bezahlten Managern. Bei technotrans wurden alle einschlägigen Verfahren ausprobiert, nicht zuletzt da ich als geradezu obsessiver Anhänger dieser Pünktlichkeit in schlechtem Ruf stand:

Ich probierte zunächst eine am wenigsten intelligente und noch dazu hoffnungslos erfolglose Methode aus: Ich motzte bei jedem Meeting herum, wenn mal wieder einer oder mehrere zu spät kamen. Das Ergebnis: nicht unbedingte Stimmungsverbesserung auf allen Seiten.

Danach kam die Sparschwein-Lösung: Jeder, der zu spät kam, muss, je nach Eskalationsgrad in der Praktizierung dieser Lösung, einen Euro, oder zwei oder auch fünf, in ein Sparschwein auf der Mitte des Besprechungstisches geben. Das Ergebnis: Man ahnt nicht, mit welcher Leichtigkeit der gut verdienende Angestellte diesen Obolus ins Schweinchen wirft, nur um bisweilen die eigene Unabkömmlichkeit oder den hohen Beschäftigungsgrad eindrucksvoll seinen Kollegen gegenüber zu unterstreichen.

Als recht hübsche Zwischenlösung etablierte sich für eine Zeit lang die Methode „Wer zuletzt kommt, schreibt das Protokoll". Diese an sich schon halbwegs intelligente Variante, die in der Übernahme einer höchst ungeliebten Tätigkeit lag, zog schon überraschend gut.

Was am Ende wirklich half, war folgende, zugegebenermaßen etwas unkonventionelle, aber extrem zielführende Methode: Man besprach und entschied in den ersten Minuten eines x-beliebigen Meetings eine Geschichte von recht erheblicher Tragweite, eine Tragweite, die möglichst alle anging – und verwies mögliche Zu-Spät-Kommende dann beiläufig auf das später ja üblicherweise folgende Protokoll, was dann bald auch von einer Sekretärin über-

nommen wurde. Wenig überraschend waren von da an alle immer
pünktlich – und alle fühlten sich gut.

7. Kapitel
Hidden Champion goes public
Börsengang und Ambivalenz
(1998-1999)

„Schnee ist auch nur schick aufgemachtes Wasser."
Unbekannt

Kaum ein Ereignis verändert und prägt ein Unternehmen so sehr, wie ein Börsengang. Ein bisher vielen eher unbekanntes Unternehmen steht mit einem Male im Mittelpunkt des Interesses. Investoren, Mitarbeiter, Kunden, Lieferanten, kurz das gesamte Umfeld, interessieren sich plötzlich für das, was früher nur Eingeweihten bekannt war. Die Nachrichten und der Aktienkurs werden minutiös verfolgt, die Presse steht dauernd vor der Tür. Wenn das dann auch noch zu Zeiten eines unfassbaren Börsenhypes passiert, dann kann es nur zu einer ganz und gar abenteuerlichen Geschichte werden. Doch auch dieses Abenteuer wird, irgendwann Jahre später, nach einer Vielzahl von positiven und negativen Erfahrungen zur Selbstverständlichkeit.

Der Begriff „Hidden Champion" wurde in den 1990er-Jahren zu einem feststehenden Ausdruck[79] für unbekannte Unternehmen, die in ihrer Branche Marktführer und daher als heimliche Gewinner galten. Ohne Zweifel traf das zu diesem Zeitpunkt bereits für die technotrans gmbh zu. Sie war sehr erfolgreich – aber kein Mensch kannte sie. Das sollte sich in den nächsten Monaten in einer Art und Weise grundlegend ändern, wie es niemand erwartet hätte.

Es liegt in der Natur von Kapitalbeteiligungsgesellschaften, dass diese ihre Engagements auf Zeit eingehen. Sie stellen Risikokapital für Wachstumsphasen zur Verfügung, aber sie bleiben den Unternehmen nicht auf immer und ewig verbunden. Dies war den fünf Ma-

---

79 Der Begriff „Hidden Champion" wurde in Deutschland erstmals 1990 in einer Studie von Hermann Simon in der „Zeitschrift für die Betriebswirtschaft" publiziert. Kennzeichnend waren die stetig positive Entwicklung, die Marktführerschaft in ihren jeweiligen Segmenten, ihre fortwährende Profitabilität und ungewöhnlicherweise auch ihre sehr oft zu beobachtende Lage in der Provinz.

nagement-Gesellschaftern des Unternehmens bereits zum Zeitpunkt des Buy Outs klar. Wann und wie dieser Ausstieg praktisch geschehen sollte und, was noch viel wichtiger erschien, wer deren große Anteile übernehmen konnte, stand damals noch in den Sternen.

Mit zunehmendem Selbstbewusstsein und der unternehmerischen Eigenständigkeit des Managements war jedoch im Laufe der Jahre klar geworden, dass ein Übergang der Anteile der Kapitalbeteiligungsgesellschaften an eine Privatperson oder an ein strategisch interessiertes Unternehmen mit direktem Einfluss auf das Geschäft nicht wünschenswert sein konnte. Viel zu wertvoll erschien ihnen die neu gewonnene Freiheit und Unabhängigkeit, die nicht durch neue Abhängigkeiten konterkariert werden sollten. Gleichzeitig war es praktisch illusorisch, dass die Management-Gesellschafter diesen Anteil noch selbst mitübernahmen. Der inzwischen deutlich gesteigerte Wert dieser Anteile ließ derartige Überlegungen zwar reizvoll erscheinen, aber schon aus Gründen der persönlichen Finanzkraft der Akteure im Keim ersticken.

In zahlreichen Gesprächen mit den Vertretern der Kapitalbeteiligungsgesellschaften im Beirat kristallisierte sich heraus, dass ein Börsengang für das Unternehmen die Lösung der Wahl sein könnte, zumal gerade im Jahre 1997 an der Frankfurter Börse das Börsensegment „Neuer Markt"[80] für junge aufstrebende Technologieunternehmen eröffnet worden war. Hier konnte auch ein verhältnismäßig kleines Unternehmen[81] erfolgreich sein, so es denn ausreichende Wachstumsaussichten verkünden konnte. Zu diesem Zeitpunkt noch nicht erkennbar war allerdings, in welch teilweise, es sei an dieser Stelle vorsichtig ausgedrückt, „ungewöhnliche Nachbarschaft", sich das Unternehmen damit begeben würde.

Nun darf man sich den Gang an die Börse nicht unbedingt als eine spezielle Art eines finanzwirtschaftlichen Sonntagsspazier-

---

80 Der „Neue Markt" bestand als Börsensegment von 1997 bis 2003 und war nach dem Vorbild der Technologiebörse NASDAQ für wachstumsstarke Unternehmen aus dem Bereich der „Neue Technologien" eingerichtet worden.

81 Die technotrans AG schloss das Jahr 1997 mit einem Umsatz von etwas über 90 Mio. DM ab und gehörte in diesem Segment damit schon zu den mittelgroßen Unternehmen.

gangs vorstellen. Dies galt schon gar nicht für den damaligen Finanzvorstand Welpelo. Es ist eine Herausforderung und ein Abenteuer, welches nahezu alle Bereiche des Unternehmens betrifft, fordert und auf Dauer verändert. Von Letzterem später mehr.

Zunächst wurde ein Team gebildet aus Beratern, Anwälten und Banken, die diesen Prozess gemeinsam mit den Geschäftsführern und den anderen Anteilseignern begleiten sollten. Erwähnenswert ist hier, dass zu diesem Beraterteam der Düsseldorfer Wirtschaftsanwalt Norbert Bröcker gehörte, der Jahre später in den Aufsichtsrat und wieder später zum stellvertretenden Vorsitzenden dieses Gremiums gewählt wurde.

Insgesamt sechs Monate gab man sich dafür Zeit, sechs Monate, die zumindest für die Beteiligten im Unternehmen zu den arbeitsreichsten, aber sicher auch spannendsten ihres Lebens gehören würden. Die Entscheidung hierzu fiel im Sommer 1997, im Dezember sollte die Umwandlung in eine AG erfolgen und der Börsengang sollte am 10. März 1998 stattfinden. Ein nicht ganz zufällig ausgewähltes Datum, da sich an diesem Tag die Gründung des damaligen „Neuen Marktes" zum ersten Mal jährte und dem neuen Emittenten[82] daher eine Menge Aufmerksamkeit zuteilwerden würde. Aufmerksamkeit, die man für eine erfolgreiche Platzierung als noch reichlich unbekanntes Unternehmen gut gebrauchen konnte. Ob dieser ausgefuchste Plan im Nachhinein betrachtet wirklich eine gute Idee werden sollte, würde sich schon recht bald herausstellen.

Natürlich musste auch ein kontinuierlicher Ansprechpartner für Banken, Analysten, Aktionäre und auch für die Presse her. Hier konnte eine erfahrene Investor Relation Managerin gefunden werden, die diese Aufgabe auch noch viele Jahre später ausfüllen sollte.

Unzählige Meetings und Abstimmungsrunden fanden statt. Der Beirat bildete sich zum ersten Aufsichtsrat um, dessen Erfahrungshintergrund und Kompetenzen naturgemäß breiter gesteckt sein sollten als die des bisherigen Beirates. Den besonderen An-

---

82 hier: jemand, der Wertpapiere ausstellt oder ausgibt

116

forderungen des Kapitalmarktes wie z. B. der Rechnungslegung, zielgerichteter Kommunikation und aktienrechtlicher Implikationen musste schließlich Rechnung getragen werden. Neben Joachim Simmroß als Vorsitzendem und Joachim Voss als dessen Stellvertreter zogen der Münchener Wirtschaftsanwalt Dr. Berthold Gaede, ein Vertrauter von Simmroß, sowie Konrad Ellegast, Vorstandsvorsitzender der Phoenix AG, Hamburg, auf Vorschlag von Voss in das Gremium ein. Als Vertreter der Managementaktionäre verblieben Andres Harig und Hubert Oberscheidt. Diese Konstellation aus sechs Aufsichtsräten, zwei internen, sprich im Unternehmen arbeitenden Mitarbeitern[83] und vier externen Mitgliedern als Kontroll- und Beratungsorgan des Vorstands, sollte, mit einigen personellen und strukturellen Wechseln auch noch in ferner Zukunft die Kultur des Unternehmens prägen. Schließlich sind die Mitarbeiter eine tragende Säule des Unternehmens. Ihnen gebührt daher auch eine gewichtige Stimme in diesem die Geschicke des Unternehmens maßgeblich beeinflussenden Gremium.

Der formale, notarielle Akt der Umwandlung der GmbH in eine AG im Dezember 1997 galt dabei nur als kleinste Übung. Zu diesem Zeitpunkt ergab sich zunächst eine elegante Möglichkeit, die Managementbeteiligung der neuen Größe des Unternehmens anzupassen und damit besonders dem geplanten Wachstum und dem notwendigen umfangreicheren Managerkreis Rechnung zu tragen. Insgesamt wurden weitere zehn leitende Angestellte zu der Gelegenheit eingeladen, von den fünf bestehenden Management-Gesellschaften GmbH-Anteile zu erwerben. So konnten zwei Fliegen mit einer Klappe geschlagen werden: Zum einen stand von nun an die Managementbeteiligung auf noch deutlich breiteren Beinen und gleichzeitig konnten die fünf Teilnehmer des

---

83 In den ersten Jahren wurden diese Positionen von Managementaktionären besetzt, später von gewählten Mitarbeitervertretern. Heute unterliegt das Unternehmen der sogenannten Drittel-Mitbestimmung, d. h. ein Drittel der Mitglieder des Aufsichtsrates werden von Mitarbeitervertretern besetzt, konkret sind dies damals wie heute zwei von sechs Mitgliedern.

Management Buy Outs aus dem Jahre 1990 erstmals einen Teil ihrer erheblichen Verschuldung abtragen.

Hier stellt sich für Uneingeweihte die Frage, warum trotz inzwischen sehr erfolgreicher Jahre der Umsatzsteigerung und sprudelnder Gewinne diese Schulden immer noch bestanden: Venture Kapitalgesellschaften betreiben ihr Geschäft nach Regeln, die bei näherem Hinsehen durchaus Sinn machen. Eine dieser Regeln ist, dass das Eigenkapital ihrer Beteiligungsunternehmen immer mindestens 25 Prozent der Bilanzsumme aufweisen muss. Ohne Zweifel ein solider Anker in der Bilanz, der für Vertrauen und Bonität steht. Das bedeutete aber auch, dass mit größer werdendem Unternehmen dieses Eigenkapital immer wieder von den Gesellschaftern aufgestockt werden musste. Wenn nun ein Unternehmen wie technotrans in den letzten zehn Jahren mit durchschnittlich 25 Prozent pro Jahr gewachsen war, reichten auch sehr ordentliche Gewinnausschüttungen nicht aus, um diese Kapitalerhöhungen mitzutragen. Hierbei ist zu bemerken, dass diese Gewinne natürlich nur sehr bedingt ausgeschüttet werden konnten, da schließlich auch zukünftiges Wachstum finanziert werden musste und dass nebenbei die schon erwähnten ganz ordentlichen Zinsen zu zahlen waren. Da die Managementgesellschafter ihren wichtigen Stimmrechtsanteil von 26 Prozent am Unternehmen keinesfalls verwässern wollten, standen diese immer wieder vor erheblichen privaten finanziellen Herausforderungen, die teilweise nur dadurch aufgefangen werden konnten, dass ihnen bestimmte, zeitlich befristete, eigenkapitalnahe Sonderdarlehen von der Hannover Finanz und WestKB zur Verfügung gestellt wurden.

Mitten in diesem Trubel folgte ein ebenso bemerkenswerter wie in diesem Umfeld dringend notwendiger Schritt: Am 13.1.1998 ging die erste technotrans-Homepage online. Von nun an konnten nicht nur die zukünftigen Aktionäre, Banken und Analysten auf aktuelle Online-Informationen des Unternehmens zugreifen, sondern auch die Kunden des Hauses – und das hieß bei der damals schon recht breit aufgefächerten Produktpalette schon etwas. Dass man damit früher über eine ordentliche Homepage verfügte

118

als mancher Druckmaschinenhersteller, sei hier nur am Rande erwähnt.

Der Jahresabschluss wurde erstmals nach internationalen Bilanzierungsstandards[84] und nicht mehr nach dem deutschen Handelsgesetzbuch[85] aufgestellt und von einem renommierten Wirtschaftsprüfungsunternehmen geprüft. Ein Emissionsprospekt und ein erster Geschäftsbericht mussten erstellt werden. Letzterer beschrieb zahlen- und faktenreich die aktuelle Lage des Unternehmens, erläuterte die Strategie und die erklärten Wachstumsaussichten. Natürlich sollte diesem damals schon fast hundertseitigen Bericht auch ein griffiger Slogan vorangestellt werden. Hier leistete die beauftragte Marketingorganisation ganze Arbeit: So prangte später „the masters in liquid technology", Anspruch und Internationalität verheißend, von der Titelseite und transportierte das, was die Firma im weitesten Sinne tat, in für jeden griffiger Form.

Mit der Pflicht zur Segmentberichterstattung tauchte eine weitere Hürde auf: Die Segmente sollten natürlich so gewählt werden, dass zwar die notwendige Transparenz für Analysten und Aktionäre gewährleistet werden konnte, gleichzeitig sollte diese für seine Kunden keine Einladung zu Preisverhandlungen auf dokumentierter Datenbasis sein. Im ersten Anlauf entschied man sich dafür, das Geschäft in zwei Bereichen zu berichten: „Print" und „Services". Letzteres Segment hatte sich in den vergangenen Jahren unter anderem dank des Einsatzes und der Kreativität des Serviceleiters Hubert Oberscheidt und des sich entwickelnden Geschäfts in der technischen Dokumentation zu einem starken und vor allem das Geschäft stabilisierenden Geschäftsbereich mit stets hervorragender Rendite entwickelt. Jahre später würde man die Segmente aus zahlreichen noch zu schildernden Gründen und einem Zwischenspiel eines später noch zu erläuternden dritten Segmentes „Technology" und „Services" nennen.

---

84   IFRS International Financial Reporting Standards

85   HGB

Aktionäre müssen informiert und gepflegt werden, eine Investor Relationsabteilung musste also aufgebaut werden, wenngleich diese jetzt und in Zukunft immer nur aus einer Person und dem zuständigen Vorstand bestand. Der Vorstand musste lernen, wie man das Unternehmen vor Investoren präsentiert, wie man Pressetexte verfasst und mit den Journalisten der verschiedenen Medien kommunizierte. Wie viel der zu erläuternden Technik konnte man den Pressevertretern zumuten, wie formulierte man es griffig? Es gab viel zu lernen – ein äußerst augenfälliges Ergebnis dieser Bemühungen folgt.

Zunächst wurde festgelegt, dass jede Aktionärsgruppe nur einen bestimmten Anteil der gehaltenen Aktien zum Zeitpunkt des Börsengangs abgeben durfte. Sogar die mögliche Abgabe weiterer limitierter Aktienpakete in den folgenden zwei Jahren wurde in einem Poolvertrag zwischen den Parteien geregelt, um plötzliche Marktbeeinflussungen auszuschließen und damit eine zukünftige Stabilität der Kursentwicklung wahrscheinlich zu machen. Dass in den nächsten Jahren kursbeeinflussende Faktoren aus ganz anderen Richtungen kommen würden, konnte zu diesem Zeitpunkt wohl noch niemand absehen.

Ferner wurde mit der konsortialführenden Bank[86] eine Struktur der zukünftigen Aktionärsgruppen diskutiert: Eine möglichst sinnvolle Aufteilung in sogenannte „feste und zittrige" Hände stand dabei im Vordergrund, um neben einer stabilen Aktionärsgruppe gleichzeitig den notwenigen Handel zu gewährleisten. Auch sollten Fondgesellschaften und Privatinvestoren mit definierten Anteilen bedient werden. Ebenso wurde ein „Family & Friends"-Aktienkontingent definiert. Hierbei handelte es sich um Mitarbeiter sowie Freunde des Unternehmens und deren Familien, die zum Zeitpunkt der Emission garantierte Aktienzuteilungen bekommen sollten. Fast alle Mitarbeiter beteiligten sich an dieser Möglichkeit und bestätigten damit nicht nur ihre Verbundenheit am Unternehmen. Zum damaligen Zeitpunkt waren Aktien von Neuemissionen

---

86 Es handelte sich um die Dresdner Bank, heute Commerzbank.

nämlich noch eine recht sichere Bank, mit der recht hübsche Kurssteigerungen eingefahren werden konnten.

Eine weitere schwierige Hürde stellte der beabsichtigte Emissionspreis dar. Schließlich befindet man sich hierbei in einem geradezu fulminanten Zielkonflikt: Zum einen möchten die abgebenden Aktionäre, das waren ja in erster Linie die Kapitalbeteiligungsgesellschaften, einen möglichst hohen Preis für ihre Anteile erzielen. Auf der anderen Seite erwarten die neuen Aktionäre, die diese Aktie erwerben, auch ein gewisses Upside-Potenzial für ihre neue Aktie.

Das Managementteam förderte dabei einen konstruktiven Interessenausgleich mit Nachdruck. Auch sie wollten oder besser mussten einen kleinen Teil ihrer Aktien an die Börse bringen, um endlich den Rest der drückenden Kredite zur Finanzierung ihrer damaligen GmbH-Anteile loszuwerden. Auf der anderen Seite mussten sie sich in den nächsten Jahren auch an der Performance des Unternehmens, für jeden sichtbar an dessen Aktienkurs, messen lassen. Fast ein Paradoxon, welches aber unter recht objektiver Moderation der konsortialführenden Bank am Ende mit 67,- DM[87] pro Aktie zu einem guten Kompromiss führte. Da sowohl die Beteiligungsgesellschaften wie das Management auf mittlere Sicht, wenn auch in geringerem Umfang, Aktionäre bleiben wollten, profitierte man ja von einer guten Performance der Aktie – so sich diese denn ergab, was zu diesem Zeitpunkt ja noch niemand wissen konnte. Wieder einmal waren Selbstvertrauen und Hoffnung gefragt – und glücklicherweise sogar gegeben. Würde alles gut gehen, würde dem Unternehmen und den abgebenden Gesellschaftern in Summe ein Betrag von insgesamt 33 Mio. DM zufließen, ein stolzer Betrag, der alle Mühen lohnen und dem Unternehmen weiteres Wachstum finanzieren helfen würde. Dass der gesamte Börsengang am Ende inklusive aller Kosten für Berater, Börsenzulassungsprospekt, Geschäftsberichte, Bankenprovisionen, Reisekosten und vieles mehr auch fast drei Mio. DM kosten würde, sollte hier allerdings am Rande auch erwähnt werden.

---

87 Entspricht 34,26 €. Die Aktie wurde später im Verhältnis 1:3 gesplittet.

Der erste Tag an der Börse, Insider nennen es IPO[88], fiel also wie geplant mit dem ersten Geburtstag des „Neuen Marktes" am 10. März 1998 zusammen. Als frisch gebackener Vorstandssprecher hatte ich die Nacht zuvor wenig bis kaum geschlafen. Zu neu war diese Finanzwelt, Analysten, Banker, Pressevertreter mit all ihren besonderen Ansichten und Fragen. Ein Zustand, der sich aber schon wenige Monate später legen sollte, wenn selbst einem Ingenieur sonnenklar wurde, dass auch in diesem Metier nur mit Wasser gekocht wurde.

Der Vorstand der noch jungen technotrans AG: Hilmar Welpelo und Heinz Harling mit seinem Aufsichtsratsvorsitzenden Joachim Simmroß vor der Frankfurter Börse (v. l. n. r.)

Wie erklärt man Bankern, Analysten und Pressevertretern, also Vertretern der Gattung Mensch, die nicht unbedingt dafür bekannt

88 Initial Public Offering

sind, mit einem überbordenden technischen Verständnis gesegnet zu sein, die Produkte der technotrans AG? Und das, wo es doch schon den eigenen Mitarbeiterinnen und Mitarbeitern schwerfiel, zu Hause der Familie oder Freunden zu erklären, was sie den lieben langen Tag in der Firma trieben. Wie funktionierte der Offsetdruck? Was hatte es mit einer Feuchtmittel-Aufbereitung zu tun, dem damaligen Hauptprodukt des Unternehmens?

Hierüber zermarterte ich mir wochenlang vorher den Kopf, wie das denn wohl funktionieren könne, und kam erst ein paar Wochen vor den geplanten Terminen zu Hause, abends bei der Zubereitung eines Salates, auf die zündende Idee: Einige Wasserspritzer vom Salatwaschen hatten sich auf der Granitoberfläche der Einbauküche eingefunden und beim nachfolgenden großzügigen Würzen des Salates mit Pfeffer war mal wieder eine gehörige Portion danebengegangen. Ohne großes Aufheben pustete ich den Pfeffer beiseite – und siehe da: An den Stellen der Granitoberfläche, an denen die Wasserspritzer waren, blieb der Pfeffer haften und an den anderen Stellen wurde er davongeblasen. Heureka! Das war es!

Die Grundidee zur Veranschaulichung des Offsetprozesses war geboren. Sachlich war diese Analogie zwar vollkommen falsch, schließlich ist im Offsetdruck die nichtdruckende Stelle feucht, aber das war in diesem Fall ja egal. Auf der anderen Seite saßen nun mal keine Techniker und dieses spezielle Klientel würde sicher leicht zu beeindrucken sein.

Nun bedurfte das soeben erfundene Verfahren noch gewisser Verfeinerung: Zunächst einmal musste es für eine große Menge von Zuhörern und Zuschauern präsentabel sein. Zudem eignete sich Pfeffer nun mal überhaupt nicht für dieses Experiment, da lautes und fortwährendes Niesen die Vortragenden und gegebenenfalls auch das Publikum schnell aus der Fassung bringen würden – wenngleich deren spontane Erheiterung sicher garantiert gewesen wäre. Diverse, nicht dem mindesten wissenschaftlichen Anspruch genügende Versuche ergaben, dass nicht Pfeffer, sondern getrockneter, fein gemahlener Dill hier das Mittel der Wahl war. Auch die Präsentation vor vielen Leuten ließ sich schneller als gedacht lösen. Schließlich hatten sich die heute überall üblichen Beamer glücklicherweise noch nicht durchgesetzt und das Projektionsmedium der Wahl waren Overheadprojektoren und Folien.

Wenn man nun die Glasfläche des Projektors an einigen Stellen mit Wasser benetzte, dann ein wenig Dillpulver darüber streute und dieses hiernach wegblies, blieb das Pulver an den feuchten Stellen erstklassig haften. Nun war nur noch die Frage zu klären, was man denn „drucken" wollte. Im Jahr 1998 war bereits der Euro in aller Munde[89]. Was lag also näher, als mit dem angefeuchteten Finger das vor gar nicht langer Zeit eingeführte Eurozeichen auf die Glasoberfläche zu malen, die gesamte Fläche dann mit Dillpulver zu bestreuen, ein wenig zu pusten, und schon sah man ein perfekt „gedrucktes" €-Zeichen. Der Effekt war verblüffend und noch Jahre später berichteten Analysten voller Stolz, dass sie an diesem Morgen erstmals wirklich verstanden hätten, wie denn dieser komplizierte Offsetdruck eigentlich funktioniert, was bei Welpelo und mir immer ein leicht verschämtes Lächeln ob der „kleinen technischen Ungenauigkeit" dieser Präsentation zur Folge hatte.

Nach einer ersten Analysten- und Presse-Präsentation im Tower der damals noch existierenden Dresdner Bank, folgte ein Besuch auf dem Parkett der Frankfurter Börse. Hier fand eine Begrüßung durch den damaligen Chef der Deutschen Börse, Reto Franconi, statt, der uns aus Anlass des Geburtstages des damals sehr erfolgreichen Marktsegmentes eine Bronzeplastik von Bulle und Bär überreichte, die auch noch heute ihren Ehrenplatz in der Vorstandsetage hat. Aber nicht nur das: Als dann auch noch ein beeindruckend echtes Marilyn Monroe Double die Feierlaune auf den Höhepunkt trieb und „I wanna be loved by you ..." sang, erschien die gelöste Stimmung auf dem Parkett irgendwie seltsam perfekt. Zu perfekt!

Denn nun spielte sich die eigentliche Dramatik des Tages ab: Der Börsenzulassungsprospekt zeigte ein Grundkapital der Ak-

---

89 Der Euro wurde am 1. Januar 1999 als Buchgeld und drei Jahre später, am 1. Januar 2002, als Bargeld eingeführt.

tiengesellschaft von 10 Mio. DM aufgeteilt in 2 Millionen Aktien à 5,- DM. Der in einem zähen Ringen zwischen Vorstand bzw. Managementteam, den Kapitalbeteiligungsgesellschaften und der konsortialführenden Bank ausgehandelte Preis der Erstemission sollte, wie schon geschildert, bei 67,- DM/Aktie liegen. So weit, so gut. Doch leider fand sich um 9 Uhr zu Beginn des Handels niemand, der Aktien abgeben wollte, bei gleichzeitig zahlreichen Kaufaufträgen. Das hatte zur Folge, dass kein Handel und damit keine erste Kursfeststellung zustande kam. Das Ganze zog sich über fast eine Stunde hin, bis sich die langsam nervös gewordenen zuständigen Akteure des Börsenhandels zu einer in solch seltenen Fällen möglichen Kurstaxe durchrangen. Und die lag bei 120,- DM! Ein Grund zu heller Freude bei allen Beteiligten – aber auch ein sicherer Indikator dafür, dass sich hier ein Markt bereits weit von der Realität entfernt hatte.

Das Team am Tag des Börsengangs

Doch damit war der Tag noch nicht zu Ende. Unzählige Interviews für Zeitungen, Magazine, Börsenbriefe und verschiedene Rundfunk- und Fernsehstationen einschließlich eines Auftritts in den Abendnachrichten der Tagesschau folgten. Kein Wunder, dass wir uns als Vorstände nach diesem Marathon der letzten Monate nacheinander erst einmal einen Urlaub mit den Familien gönnten, welcher wegen des Fehlens der später überall üblichen Smartphones[90] sogar einen gewissen Erholungseffekt versprach.

Was in den nächsten Jahren folgte, war eine Achterbahn der Kursentwicklung, die mit dem Unternehmen selbst wenig bis nichts zu tun hatte. Wenige Tage nach Emission stieg der Kurs auf fast 300,- DM, um viel später sogar deutlich unter den Emissionspreis zu sinken. Ein Umstand, der damals neben diesen Kurskapriolen ebenso erheblich verwunderte, war die „Nachbarschaft". Natürlich fanden sich unter den gelisteten Firmen interessante Unternehmen mit hervorragenden Dienstleistungen, Technologien und Zukunftsperspektiven wie z. B. 1&1[91], Aixtron[92], IDS Scheer, Jenoptik, Pfeiffer Vakuum[93] und natürlich technotrans. Firmen, die auch heute noch erfolgreich sind, obwohl der „Neue Markt" schon lange und zurecht Geschichte ist.

Es fanden sich dort allerdings auch immer mehr Firmen, bei denen man ernsthaft deren Geschäftsmodell infrage stellen konnte, oder solche, die sich als Technologiefirmen verkauften und bei näherer Betrachtung bestenfalls als banale Kistenschieber oder gar ausgemachte Luftnummern entpuppten. Spektakuläre spätere Insolvenzen, wie z. B. der Infomatec oder Betrugsfälle wie bei der ComROAD, deren Geschäftstätigkeit fast ausschließlich auf Scheinumsätzen basierte, halfen, den Ruf dieses Börsensegmentes nachhaltig zu ruinieren. Dies sollte sich später noch böse rächen, auch für die technotrans AG.

---

90 Der Nokia Communicator erschien zwar bereits in Deutschland am 15. August 1996. Er setzte sich aber nur langsam und sehr rudimentär in der Geschäftswelt durch. Das erste iPhone der Fa. Apple erschien am 29. Juni 2007.

91 später aufgegangen in United Internet

92 Der Aufsichtsratsvorsitzende der technotrans, Simmroß, war auch Mitglied im Aufsichtsrat von Aixtron.

93 Der damalige Finanzvorstand und spätere Vorstandsvorsitzende von Pfeiffer Vakuum, Manfred Bender, trat später für einige Jahre in den technotrans-Aufsichtsrat ein.

Selbstverständlich ist es nicht nur für einen Vorstand total spannend, wenn man morgens in die Zeitung oder heute jederzeit auf dem Computer oder Smartphone nachschauen kann, wie denn die Aktie des eigenen Unternehmens steht und wie hoch der Wert des Unternehmens und damit ggf. auch die Position im privaten Portfolio damit ist. Nach einer Weile setzt aber bei professionellen Investoren und auch bei verantwortlich denkenden Vorständen von Unternehmen eine gewisse Gelassenheit diesbezüglich ein. Es passiert, dass man sogar tage- oder gar wochenlang überhaupt nicht mehr hinschaut. Natürlich verändert das Auf und Ab des allgemeinen Marktes auch den Wert der einzelnen Aktie, ohne dass es konkrete Gründe dafür im jeweiligen Unternehmen gibt. Zudem sind ausgemachte „Moden", oft basierend auf neuen Technologien, zu beobachten, die die Finanzmärkte treiben. Am kurzen Ende ist ein Aktienkurs also immer eine wenig valide Führungsgröße, die das Handeln eines Unternehmens nicht beeinflussen sollte. Am langen Ende ist er in der Regel aber gerecht und verdient daher Beachtung.

Schnell entwickelte sich die technotrans AG zu einem der prominenten Aushängeschilder der beiden immer noch, nun aber in geringerem Umfang engagierten Kapitalbeteiligungsgesellschaften. In einem 1998 erschienenen und von der Hannover Finanz initiierten Buch[94] wurde das Unternehmen u. a. neben der Optikerkette Fielmann und der schon erwähnten Aixtron AG als Musterbeispiel für eine gelungene Investition und einen perfekten Exit einer Kapitalbeteiligungsgesellschaft gefeiert. Für die WestKB wurde technotrans sogar zu der erfolgreichsten Beteiligung überhaupt.

Auch für die Vorstände begann ein neues Leben. Es galt nun nicht nur das Unternehmen selbst zu führen, man hatte jetzt einen Aufsichtsrat, dem es Rede und Antwort zu stehen galt, und der oft genug mit guten Ideen zur Entwicklung des Geschäftes beitragen würde. Alles in allem aber kein großer Unterschied zum inzwi-

---

94 Peter Gillies, „Die Erfolgreichen", ISBN 3-7654-3412-4

schen 10 Jahre gepflegten Umgang mit dem Beirat aus GmbH-Zeiten, wenngleich speziell der Aspekt der Außenwirkung von Entscheidungen erheblich höheres Gesicht erhielt.

Einen vollkommen neuen und in vielerlei Hinsicht herausfordernden Aspekt bedeutete die Betreuung der Investoren. Regelmäßige Roadshows in die großen Finanzzentren Europas und den USA, Quartalsberichte und jährliche Geschäftsberichte wurden neben zahlreichen Einzelmeetings mit Banken, Investoren und der Finanzpresse jetzt zum nicht immer nur geliebten Teil des Alltags.

Eine ausgesprochen unangenehme Begleiterscheinung des Börsengangs trat auf einer unerwarteten Ebene ein. Die RWE[95] als Hauptaktionär der Heidelberger Druckmaschinen AG hatte schon Mitte der 1990er-Jahre entschieden, sich unter vielen anderen auch von dieser Beteiligung zu trennen, die in den fetten Jahren des Konzerns als quasi Strommonopolist eingegangen worden war. Hierzu engagierte man 1995 Hartmut Mehdorn als Vorsitzenden des Vorstands, der diesen Börsengang am 8. Dezember 1997 auch mit einigem Erfolg über die Bühne gebracht hatte, nur etwa drei Monate vor der technotrans AG. Unglücklicherweise entwickelte sich der Kurs der technotrans Aktie, einem der Hauptlieferanten der Heidelberger Druckmaschinen AG, leider deutlich besser, was Mehdorn ganz offensichtlich ein Dorn im Auge war, wenn dieses etwas platte Wortspiel an dieser Stelle einmal gestattet sei. Seine Lage wurde sicher auch nicht gerade dadurch besser, dass der damalige Vorstandsvorsitzende der RWE, Dietmar Kuhnt, zu dieser Zeit gleichzeitig als Vorsitzender seines Aufsichtsrates amtierte.

So ergab es sich, dass Mehdorn mich zu einem Mittagessen in das damals noch firmeneigene Spitzen-Restaurant im obersten Stock der Printmedia Akademie einlud. Dort eröffnete er mir, häppchenweise zwischen Vorspeise, Hauptgang und Dessert, auf seine sehr spezielle Art und in reichlich frostiger Atmosphäre, dass ihm dieser eben geschilderte Umstand ganz erheblich missfiel. Zu allem

---

95 Die RWE AG mit Sitz in Essen ist am Umsatz gemessen der zweitgrößte Energieversorger Deutschlands (Stand 2018).

Überfluss hatte ich in einem unbedachten Moment, Wochen vorher, einem Vorstandskollegen von ihm gegenüber bemerkt, dass es hilfreich sein könnte, wenn man die Kommunikation in Richtung von Investoren etwas abstimmen würde. Das war natürlich für einen Mann vom Schlage Mehdorns zu viel. Keiner Schuld bewusst, wies ich freundlich auf die Wachstumsdynamik der technotrans AG hin, die zwar mit Heidelberger Druckmaschinen zu tun hatte, aber eben nicht nur, und wunderte mich nicht wenig obzwar dieser doch etwas seltsam anmutenden Einlassungen zwischen den Vorstandvorsitzenden zweier selbstständiger Unternehmen.

In den folgenden Tagen und Wochen versuchte Mehdorn massiv Druck auf seine Einkäufer und Techniker auszuüben, nicht nur die Einkaufspreise bei der technotrans AG zu senken, sondern sogar auch aktiv nach Alternativlieferanten zu suchen. Die betroffenen Abteilungen wussten es aber besser. technotrans bediente seinen damals noch größten Kunden immer mit hochattraktiven, teils sogar nur schwer auskömmlichen Preisen und mit höchst ordentlicher Qualität. Glücklicherweise lief Mehdorns Aktion damit schnell ins Leere, was nicht unbedingt für eine schlechte Marktposition der technotrans AG sprach. Mehdorns Karriereweg würde ihn ohnehin schon sehr bald in vollkommen andere Gefilde führen.

Erwähnenswert scheint an dieser Stelle, dass Mehdorn durch seine in weiten Teilen unbedachte Expansionsstrategie dieser Jahre mit teuren Übernahmen von nicht werthaltigen Unternehmen zwar Umsatz, Gewinn und Mitarbeiterzahl von Heidelberger Druckmaschinen verdoppelte, den Exit der RWE damit beflügelte, diese Entscheidungen das Unternehmen aber so stark und dauerhaft belasteten, dass der weltgrößte Hersteller von Druckmaschinen Jahre später in einer dann hereinbrechenden weltweiten Krise unter anderem hierdurch in substanzielle Probleme geriet. Darum brauchte er sich jedoch nicht mehr zu kümmern. Nach seinem Weggang Ende 1999 und seinem Wirken in späteren, oft nicht unbedingt glanzvolleren Aufgaben als Bahnchef, bei Air Berlin und beim Berliner Flughafen BER wurden viele dieser Zukäufe häufig verlustreich wieder veräußert. Die beschriebenen Probleme seines ehemaligen Arbeitgebers würden dann auch technotrans treffen, sogar ganz erheblich. Die immer wieder gern von OEMs kolportierte Redewendung „Wir brauchen starke und gesunde Lieferanten" würde sich somit zurecht umdrehen lassen: „Wir Lieferanten brauchen auch starke und gesunde OEMs."

8. Kapitel
Die Welt rückt heran
Strategien, ein Scheitern und eine Tragödie
(1999-2004)

„Die Tragik des Daseinsbesteht oft darin, dass man die Hand
voller Asse hat und das Leben spielt Schach."
Frank Breddemann
(*1958)

Die Verschiedenartigkeit von Menschen und Märkten ist in der Provinz noch leicht überschaubar, alles Umgebende ist ja meist bekannt. Je weiter man sich jedoch von dieser Provinz entfernt, desto breiter sollte unser Denken und damit das Verstehen der Verschiedenartigkeit von Menschen und Märkten werden. Hat man das verstanden, kann man daraus Strategien entwickeln. Strategien, die mit etwas Glück tragen oder trotzdem scheitern, denn dazu ist die Welt zu komplex. Manchmal entzieht sich aber die Verschiedenartigkeit von Menschen jedem Verständnis. Dort wird dann die Tragödie geboren.

1999 begann ein Programm, welches alle weltweiten Mitarbeiter zu Aktionären des Unternehmens machen sollte. Jeweils zum Jahresende wurden Bonusaktien ausgegeben, die mit einer gewissen Haltpflicht belegt waren und somit zum Vermögensaufbau der Mitarbeiter dienen konnten. Dieses Programm musste leider zum Jahresende 2016 eingestellt werden, da der regulatorische Aufwand schlichtweg zu hoch wurde. Es hatte aber zur Folge, dass noch heute zahlreiche Mitarbeiter Aktionäre des Unternehmens sind.

Einige markante Erlebnisse prägten das Unternehmen in besonderer Weise. Man kam in diesem Jahr überein, ein internationales Managementmeeting abzuhalten. John Stacey in seiner Funktion als Managing Director der englischen Tochtergesellschaft bot sich an, dieses in Aldeburgh, einem traditionellen Seebad unweit von Colchester zu planen. Dieses auf drei Tage angesetzte Meeting sollte sich in die DNA des Unternehmens einprägen wie nur wenige andere Ereignisse.

Hilmar Welpelo hatte die Idee, den niederländischen Manager Arie de Geus, bis 1989 Leiter der strategischen Planung von Royal Dutch Shell, zu einem Vortrag einzuladen. Er hatte ein Buch von de Geus gelesen, welches 1998 unter dem Titel „The Living Company"[96] erschienen war. Das Buch beschäftigte sich vorrangig mit einer zentralen Frage: Wie gelingt es manchen Unternehmen, alt zu werden? Es sei nur am Rande erwähnt, dass es Welpelo – kostenbewusst wie immer – auch gelang, das Honorar von de Geus auf unter einem Drittel seines üblichen Honorars zu drücken, nachdem er ihm eine Menge Honig um den nicht vorhandenen Bart geschmiert und in den höchsten Tönen von technotrans vorgeschwärmt hatte.

Und genau dieses Buch beschäftigt viele der Verantwortlichen im Unternehmen auch noch heute. Wie konnten Firmen wie die 1865 gegründete Nokia sich vom Zellstofflieferanten über die Produktion von Fahrradreifen und Gummistiefeln zu einem Spezialisten für Mobiltelefone und Netzwerkausrüstungen entwickeln? Wie war es gelungen, dass die im 15. Jahrhundert gegründete japanische Mitsui von einer Tuchhandelsgesellschaft zu einem breit aufgestellten Industriekonzern aus heute 30 Unternehmen aufsteigen konnte? Was zeichnete diese und viele andere alte und immer noch erfolgreiche Unternehmen aus? Oder um es konkreter zu formulieren: Wie konnte es gelingen, dass auch technotrans die Chance hätte alt zu werden?

An dieser Stelle nur so viel: Unternehmen, die sich allein an Gewinn und Wertschöpfung orientieren, sterben früh. Für de Geus ist ein lebendiges Unternehmen eines im steten Fluss[97], ja sogar fast so etwas wie ein Lebewesen selbst, dessen unterschiedliche Sinne wach sein müssen und dessen Gesundheit gepflegt werden muss. Sensibel auf das Umfeld zu reagieren als Beweis der Anpassungs- und Lernfähigkeit. Fester Zusammenhalt und Identitätsgefühl im Unternehmen, starke Mitarbeiterbindung, Toleranz gegenüber Außenseitern und Experimenten und verantwortlicher Umgang mit dem Kapital sind seine markanten Thesen. Ferner: Langfristig er-

---

96 Das Buch erschien in Deutschland unter dem Titel „Jenseits der Ökonomie – Die Verantwortung der Unternehmen", ISBN 3-608-91910-4.

97 Hier erklärt sich nun auch der Titel dieses Buches: „Alles fließt".

folgreiche Unternehmen dürfen niemals zu stark an ihrem Produkt hängen. Menschen, Märkte und Produkte verändern sich. Heute übrigens schneller als jemals zuvor. Die Offenheit für Neues muss also unbedingter Teil der Firmenkultur sein, sich immer wieder neu zu erfinden ein gutes Stück der fortwährend gelebten Identität darstellen.

Das war die Geburtsstunde des heute noch gültigen technotrans Firmenmottos: „Think – Learn – Act", der wohl kürzesten Firmenphilosophie eins Unternehmens, die es aber genau auf diesen Punkt bringt: Denkt kontinuierlich über das nach, was ihr tut – lernt jeden Tag dazu – und vergesst dann nicht, danach auch konsequent zu handeln. Stillstand bedeutet Rückschritt; ein Baum, der nicht mehr wächst, stirbt.

Eine der wohl wichtigsten konkreten Entscheidungen dieses Meetings sollte die Einführung eines Produkt-Managements werden. Die Vielzahl an Produkten erforderte fachliche Bündelung der Aktivitäten der einzelnen Produktlinien. So änderte sich wenige Monate später das Organisationsdiagramm von einer schlichten Linienorganisation in eine Matrix-Struktur – mit durchschlagendem Erfolg. Das für die meisten der damaligen Manager sicherlich als Innovationsmotivator empfundene Meeting wurde zum echten Highlight in vielerlei Hinsicht.

Natürlich kamen während dieses Meetings, auch die unterhaltsamen Aspekte nicht zu kurz – und die sollten nach John Staceys Meinung „very british" werden. So lag schon abends zum Eintreffen im Hotel für jeden ein Barbour Coat oder wie ein Urwestfale unter den Beteiligten zum Besten gab, eine „englische Fettjacke", auf jedem Zimmer, noch nicht verratend wozu diese demnächst getragen werden sollte.

Am anderen Morgen standen „ham and eggs", nach den ersten Meetings nachmittags „Scones with clotted cream and marmelade" und abends warmes Bier auf dem Programm. Am nächsten Nachmittag ging es stilecht in den neuen Barbour Coats gekleidet, zum Tontaubenschießen. Diese typisch englische Sportart hinterließ in den nächsten Stunden auf manch ungeübter Schulter vom

Rückschlag des Gewehrkolbens schmerzhafte blaue Flecken in geradezu royalem Ausmaß. Besonderes widerfuhr Serviceleiter Hubert Oberscheidt bei der abendlichen Preisverleihung: Feierlich wurde er von John Stacey zum Präsidenten der englischen Tontauben-Schutzvereinigung ausgerufen. Schließlich war es ihm als einzigem gelungen, den gesamten Nachmittag keine einzige dieser, seiner Meinung nach, viel zu flinken Tontauben zu treffen.

Zurück zum eigentlichen Geschäft des Unternehmens: Das immer umfangreicher werdende Auslandsgeschäft und die zahlreicher werdenden Tochtergesellschaften erforderten deutlich mehr Aufmerksamkeit und vor allem Reisetätigkeit des tagesgeschäftlich erheblich eingebundenen Vorstands. Folgerichtig rückte John Stacey im Dezember 2000 in den Vorstand auf und übernahm die anspruchsvolle Aufgabe, neben seinem Heimatmarkt Großbritannien nun den amerikanischen Markt und später auch Asien zu entwickeln.

Der erweiterte Vorstand (v. l. n. r.): John Stacey, Hilmar Welpelo, Heinz Harling

Die Player im Wettbewerbsumfeld auf dem amerikanischen Markt waren besonders zahlreich und leider auch zum damaligen Zeitpunkt noch sehr stark. Die Lizenzvereinbarung mit Herbert Products war inzwischen wegen des mäßigen Erfolgs Geschichte. Dominiert wurde der Markt von zwei Firmen: Bei hochwertigen Geräten war dies, wie im Rest der Welt, Baldwin Technologies aus Connecticut und bei einfachen Geräten das Unternehmen Royse aus Dallas Texas[98]. Da John Stacey aus seiner Zeit bei MG Electric in England, einem vormaligen Lizenznehmer von Royse, beste Kontakte zu Royse USA hatte, gelang es ihm zunächst, mit David Stinson den Vertriebsarm dieses Unternehmens abzuschneiden und für technotrans zu gewinnen. Danach wurden ein paar leitende Mitarbeiter von Royse gewonnen, um in Dallas, Texas eine eigene Produktion preiswerter Geräte für den amerikanischen Markt aufzubauen. Diese Geräte hatten aber leider mit den Geräten aus deutscher Produktion zu wenig zu tun und wurden demzufolge auch von den deutschen Druckmaschinenherstellern nicht als solche wahrgenommen. So geriet dies zur zweiten von zahlreichen weiteren wenig erfolgreichen Episoden auf einem steinigen Weg, diesen so vollständig anders tickenden Markt zu erobern.

Auch die deutschen Druckmaschinenhersteller taten sich, trotz ihres Markterfolges, schwer auf diesem Markt. Heidelberg entschloss sich, seine Zentrale von Chicago nach Atlanta zu verlegen. Das gab technotrans die Entscheidung vor, angeregt durch das Vorbild der Zulieferer der Automobilindustrie, die ihre Lieferanten ebenfalls oft an ihren Auslandsstandorten sammelten, die Zelte in Dallas abzubrechen und nach Atlanta überzuwechseln. Mit ein wenig Erfolg – mehr jedoch auch nicht. Zwar wurden immer mehr Maschinen ausgerüstet – aber nicht auf breiter Front. Noch größere Probleme bereitete die fehlende industrielle Infrastruktur in Atlanta, die ein Unternehmen wie technotrans, welches wegen der geringen Fertigungstiefe auf zugkräftige Lieferanten angewiesen war, nun einmal brauchte.

Unterstützung versprach man sich von einer Kooperation mit einem Chicagoer Unternehmen namens Tri Service. Ein Unternehmen in der Hand von zwei typisch hemdsärmeligen Amerikanern, Bob Buenz und Fred Valentini. Diese Kooperation sollte auf dem Gebiet komplexerer Geräte und Kühltechnik helfen, die sehr speziellen amerikanischen Kundenwünsche zu erfüllen. Auch die-

---

98 Royse wurde später von Tresu, Kolding, Dänemark übernommen. Tresu selbst gehört heute zu Altor, einer privaten schwedischen Fondgesellschaft.

se Entwicklung führte leider nicht zum durchschlagenden Erfolg auf diesem für viele Europäer schwierigen Markt. Zudem ließen sich diese beiden Herren nur äußerst widerwillig in eine weltweite Strategie des Unternehmens einbinden. Dies führte nun endlich zu der finalen Erkenntnis, dass Kooperationen für Unternehmen wie technotrans wirklich keinen Sinn machten.

Der wohl alles entscheidende Schritt auf dem amerikanischen Markt erfolgte Anfang des Jahres 2000. Durch die Akquisition der Ryco Manufacturing in Chicago, damals ein Unternehmen mit etwa 100 Mitarbeitern, gelang es, im Produktbereich Sprühfeuchtwerke ein dominanter Player nicht nur in Amerika, sondern auch auf dem Welt-markt zu werden. Was aber noch viel wichtiger war: Erstmals wurde technotrans auch als amerikanisches Unternehmen wahrgenommen, ein Faktor, der auf diesem Markt von wesentlicher Bedeutung ist. So konnte Ryco Manufacturing wenige Jahre später in technotrans america inc. umbenannt werden und ist noch heute der amerikanische Hauptsitz, wenngleich auch nicht mehr in den gleichen Gebäuden. Nach New York (Westbury, Long Island), Dallas und Atlanta wurde endlich eine adäquate US-Heimat für technotrans gefunden.

Die Unterzeichnung des Vertrages zur Übernahme der Ryco Manufacturing in Chicago, IL, USA.

137

Eine weitere kleine Akquisition, Farwest Graphic Technologies LLC in Corona, Kalifornien/USA, würde später dieses Set-up abrunden. Auch hier würde man mit den beiden zwar äußerst kompetenten Inhabern Steve Barberi und Bill Bonallo noch einmal die Erfahrung machen, dass ehemalige Inhaber nur sehr schwierig in einen Konzern einzubinden sind. Selbst die bei den Deutschlandbesuchen der Amerikaner literweise bereitgestellte eisgekühlte Diet Coke, üppige Steaks und andere, auf vielfältige Art und Weise praktizierte Integrationsversuche, förderten den Gruppengedanken nicht in ausreichendem Maße. Das hatte zur Folge, dass auch dieses kalifornische Unternehmen später in die Chicagoer Gesellschaft überführt wurde.

Schon zu diesem frühen Zeitpunkt war erkennbar, dass technotrans, mit ein wenig Glück, irgendwann einmal in der Druckindustrie eine führende Rolle als Zulieferer einnehmen würde. Das Ende einer Fahnenstange sorgt zwar rein optisch für guten Ausblick, sichert aber nicht das langfristig stabile Geschäft eines Wirtschaftsunternehmens, da es zu sehr von den Zyklen und strukturellen Problemen einer Branche abhängt. In dieser Beziehung schadete der zu Beginn des Unternehmensaufbaus absolut noch notwendige Fokus.

Die Breite des Produktportfolios zu erhöhen, gehörte demnach in diesen Tagen zum Repertoire eines jeden strategischen Meetings. Die an früherer Stelle erwähnten Gedanken zum Standbein und Spielbein eines Unternehmens flossen hier wieder ein. Klar war, dass sich das Unternehmen zwischen den Koordinaten Technik und Markt nicht zu weit vom aktuellen Geschäft entfernen durfte, um eine reelle Chance zu haben, in überschaubarer Zeit auch erfolgreich zu werden. Gleichzeitig sollte die neue Produktlinie zukunftsgerichtet sein, d. h. es sollte sich um Produkte handeln, deren Markt veritable Wachstumsraten aufwies. Den dann aus diesen Überlegungen entwickelten Ansatz würde später wohl niemand ernsthaft als spielerischen Ansatz bezeichnen können.

Dieser neue Produktbereich war nach einigen Monaten des Diskutierens und Abwägens gefunden und wurde mit buchstäblich unbändiger Euphorie unter erheblichem Einsatz an Ressourcen gestartet. Er würde in die Geschichte des Unternehmens eingehen als eine strategisch geradezu perfekt geplante Diversifikation, reinster Managementlehre folgend, selbstverständlich auf technisch bekanntem Gebiet und zudem in einem artverwandten, bekannten Markt. Er führte sogar recht schnell zu geradezu grandiosen Erfolgen, äußerst positiven Deckungsbeiträgen inklusive – und scheiterte dennoch ein paar Jahre später krachend. Schauen wir uns dieses Drama einmal im Detail an:

Schon in den 1980er-Jahren hatte die damalige fb apparatebau für das Gütersloher Unternehmen Sonopress[99] in Gütersloh Galvanik-Bäder gebaut. Eines der zahlreichen Produkte des damals noch in Resten vorhandenen äußerst bunten Produktionsprogramms. Heutigen Generationen sei kurz erklärt, dass man in früheren Jahren Musik nicht herunterlud oder streamte, sondern von schwarzen Scheiben hörte. Diese schwarzen Scheiben, LPs oder Singles genannt, wurden produziert, indem man die analogen Schwingungen der Musik mittels früher Mechanik oder später Laser in eine Trägerschicht einritzte bzw. gravierte. Diese Trägerschicht wurde dann mit Nickel bedampft, der Fachmann spricht vom Bespattern, und wurde dann auf einem rotierenden Teller in oben genanntes Galvanik-Bad eingespannt. Dort ließ man diese ultradünne Schicht Nickel mittels galvanischer Nickelabscheidung und unter Einsatz hoher Stromstärken auf eine stabile Schichtdicke von etwa einem Viertel Millimeter anwachsen. Diese so gewonnene Nickelplatte hätte man nun in eine Spritzgussmaschine einspannen können, flüssiges Vinyl dagegen gespritzt und schon hätte man eine LP oder Single gehabt.

In der Praxis macht das jedoch niemand, da die Herstellung der Urform, man nennt sie „Vater" – der geneigte Leser wird gleich

---

99 Sonopress war zum damaligen Zeitpunkt das Schallplatten-Presswerk des Bertelsmann-Konzerns.

sehen warum – viel zu teuer ist und sie in der späteren Produktion leicht beschädigt werden oder sich abnutzen könnte. Daher startet man einen sogenannten galvanischen oder elektrochemischen Familienprozess[100]. Man beschichtet den „Vater" auf seiner Informationsseite mit einer dünnen Trennschicht, lässt dort im Galvanik-Bad eine gleichdicke Schicht Nickel aufwachsen und erhält dann die „Mutter". Diese wird wiederum mit einer Trennschicht versehen und von ihr werden dann die „Söhne" im wieder gleichen Prozess abgezogen, die für die Produktion geeignet sind. Das soll an dieser Stelle als kleiner technischer Ausflug genügen.

Die Konstruktion dieser Anlagen geschah in enger Anlehnung an Forderungen der Techniker von Sonopress und nach eingehender Begutachtung von Wettbewerbsprodukten unter anderem der Fa. Toolex Alpha aus Schweden und eines amerikanischen Wettbewerbers[101].

Abgesehen von frühen Erfolgen bei Sonopress, hatte technotrans damals keine Anstrengungen unternommen, dieses technisch recht ausgereifte und jedem Wettbewerb standhaltende Produkt zu vermarkten. Ernst zu nehmende Sorgen, dass sich die Begeisterung des Kunden Sonopress für ein marktweites Angebot dieser überaus diffizilen Anlagen in Grenzen halten könnte, taten dabei ihr Übriges. Zudem zeichnete sich am Horizont durch das Aufkommen der CD und später DVD der Tod der klassischen Vinyl-Schallplatte ab.

Nun wird es den technischen Laien zwar sehr verwundern, aber der Fertigungsprozess der analogen Schallplatte ist dem der digitalen CD bzw. DVD nicht unähnlich. Der Unterschied besteht lediglich in der nun rein lasertechnisch belichteten, wesentlich feiner auflösenden Trägerschicht[102], die eben keine analoge Tonspur zeigt, sondern eine fortlaufende Struktur digitaler Informationen,

---

100 Das Verfahren wird im Englischen auch als Elektroforming bezeichnet, ein Begriff, der sich auch in Deutschland im technischen Sprachgebrauch inzwischen etabliert hat.

101 Digital Matrix, Hampstead, NY

102 Fachlich nennt man diese wegen der Lichtempfindlichkeit „Photoresist".

fachlich „Pits" und „Lands" genannt. Der eben beschriebene galvanische Familienprozess ist zwar deutlich anspruchsvoller, aber im Prinzip der gleiche.

Diese Erkenntnis hatte sich nun also im Unternehmen herumgesprochen. Hier entstand eine neue, revolutionierende Tonträger- und auch Datenträgertechnik. Diese würde, das war jedem im Management klar, die Welt bis in jeden Haushalt hinein verändern. Ein riesiger Markt stand vor der Tür und nun ging es also darum, ein Stück vom entstehenden Kuchen abzubekommen. Es sollte sogar in wenigen Jahren fast die ganze Torte werden.

Flugs wurde eine eigene Abteilung gegründet, teils mit eigenen Leuten besetzt, aber, und das war neu, teils auch mit hierfür speziell angeworbenen Fachleuten aus der Anwenderindustrie. Es dauerte weniger als sechs Monate und das erste Galvanik-Bad zur Herstellung von CD-Mastern konnte die Werkshalle verlassen.

Eine Galvanik-Bad-
Anlage in der Fertigung

Folgerichtig erblickte eine Idee der besonderen Art in diesen Tagen das Licht der Welt: Wenn man schon an der Herstellung von CDs beteiligt war, konnte man dieses Medium doch sicher auch prima dazu nutzen, um den Kunden jeweils zum Weihnachtsfest ein hübsches Geschenk zu machen. Die Idee der „watermusic" war geboren. Im ersten Jahr war dies natürlich, wie nicht anders zu erwarten, die Wassermusik von Johann Friedrich Händel. Viele der späteren insgesamt 18 Editionen hatten aber auch Jazz, Blues oder

Popmusik zum Thema und viele Kunden und Mitarbeiter fieberten den neuen Auflagen mit gewisser Spannung entgegen. Natürlich vermerkte das Booklet jeder Ausgabe auch alle von technotrans an der Gesamtherstellung beteiligten Geräte und Anlagen, deren Wert nicht selten viele Hunderttausend Euro betrug. Und das nicht nur bei der CD selbst, sondern auch bei der Druckproduktion des Booklets. Damit geriet die „watermusic" für viele Jahre zu einem perfekten Werbeträger für das Geschäft des Unternehmens. Noch heute besitzen so mancher Mitarbeiter und Kunde eine vollständige Sammlung aller Ausgaben im heimatlichen Schrank.

Schon drei Jahre später hatte es technotrans zu einem signifikanten Player in diesem Marktsegment gebracht. Nach der Devise „the winner takes it all" machte man sich auch hier folgerichtig Gedanken über eine Marktkonsolidierung. Den Platzhirsch in diesem Segment stellte zu dieser Zeit noch die schwedische Toolex Alpha. Ähnlich der Überlegungen zur Akquisition der bvs, Augsburg entschied man sich hier ebenfalls nach langen internen Diskussionen und Verhandlungen, dieses Unternehmen zu erwerben. Mit Wirkung vom 1. Januar 2001 wurde diese Übernahme wirksam und schon wenige Jahre später wurden drei von vier weltweit verkauften CDs und später auch DVDs mithilfe von technotrans-Equipment produziert.

Einige Jahre ließ man sich, fast ein wenig besoffen vom fulminanten Erfolg, sogar dazu hinreißen, die Segmentberichterstattung des Unternehmens auf drei Segmente zu erweitern. Sie hießen nun Print, Services und CD/DVD. Ein in vielerlei Hinsicht beeindruckender umsatz- und ergebnisseitiger Markterfolg. So hätte es ewig weitergehen können.

Doch auch hier ruhte der technische Fortschritt nicht. Immer mehr und immer produktivere Anlagen standen bald weltweit im Feld. Ihrer herausragenden Qualität geschuldet, taten sie leider ihren Erbauern nicht einmal den Gefallen, hier und da mal ordentlich defekt zu werden, um wenigstens etwas lukrativen Serviceumsatz auszulösen. Stattdessen produzierten sie fröhlich immer mehr Master. Immer mehr Master für einen Markt, der langsam immer kleiner wurde, da Jahre später iPod, iPhone & Co. auf den Markt kamen. Und als noch etwas später Downloads und Streamings den Markt revolutionieren, stand das Geschäft vor dem Aus. Es ist eine Ironie des Schicksals, dass dieser Geschäftsbereich glücklicherweise nie eine so signifikante Größe erreichte, dass er dem Unternehmen bei seinem Niedergang hätte gefährlich werden können.

Diese doppelte Dynamik des Niedergangs auf der technologischen und gleichzeitig auf der Marktseite würde das Unternehmen fast ein Jahrzehnt später im Haupt-Geschäftsbereich der Druckindustrie mit noch viel größerer Wucht treffen. Er würde sogar, fast wie ein perfekter Sturm, darüber hinwegfegen.

Doch Aufgeben kam als Option noch nicht infrage: Natürlich eignete sich dieses Verfahren auch zur Herstellung feinster metallischer Strukturen. Die Lösung sollte die Ausweitung bzw. Umwidmung des Bereiches in Richtung Mikrostrukturtechnik bringen, die auch zunächst ordentliches Wachstum versprach. Dieses Wachstum lag aber in den Folgejahren so weit unter den Erwartungen bei gleichzeitig später wieder enorm prosperierendem Geschäftsverlauf in der Druckindustrie, dass man sich doch Mitte der 2000er-Jahre entschied, diesen Bereich abzugeben. Heute werden diese Aktivitäten, teils von ehemaligen Mitarbeitern der technotrans, von der Fa. temicon[103] in Dortmund, einem Unternehmen innerhalb der Micro Factory, Dortmund weitergeführt und weiterentwickelt. Folgerichtig wurde auch die Segmentberichterstattung nun endlich in die noch heute gültige und wesentlich unspezifischeren Bereiche „Technology und Services" geändert.

Weitere Bestrebungen in Richtung einer Diversifizierung in andere Märkte sollten über die im Haus bestens bekannte Kühl- und Temperiertechnik erfolgen. Hier bot sich mit der Kunststoff-Spritzgussindustrie ein möglicher Markt an, der sogar dem Volumen

---

103 Die temicon Gmbh existiert noch heute als erfolgreiches Unternehmen der Mikrostrukturtechnik unter Leitung von Dr. Oliver Humbach, einem ehemaligen Angestellten der technotrans AG.

nach größer als die Druckindustrie ist und zudem als technisch überschaubar galt. Leider unterschätze man zu diesem Zeitpunkt noch den recht extremen preislichen Wettbewerb in diesem Segment und die in diesem Markt etablierten Marktgesetze, die weniger einer OEM-Strategie entsprachen, sondern individuell auf die Betreiberanwendungen ausgerichtet war und teilweise auch heute noch ist. So blieb es bei einigen halbherzigen Versuchen und wenig erfolgreichen Musterlieferungen. Da lag es nur nahe, sich weiter der Druckindustrie zuzuwenden, denn da gab es ja noch viel zu tun, was sich direkt in Umsatz und Ergebnis umwandeln ließe. Sicher eine wirtschaftliche richtige Entscheidung, aber gleichzeitig auch ein großer Fehler, wie sich später zeigen sollte. Der würde aber noch viel später wieder korrigiert werden können.

Ein Element erfolgreicher Diversifikation in andere Industriebereiche war und ist heute noch der schon an früherer Stelle beschriebene Unternehmensbereich „Technische Dokumentation", welcher Jahre darauf in einer später noch ausführlich beschriebenen Krise des Unternehmens in „global document solutions" in gds umbenannt wurde. Es konnte daher also auch keine schlechte Idee sein, diesen Bereich zu verselbstständigen und einen eigenen Marktauftritt zu ermöglichen, zumal es sich hier um eine Dienstleistung handelt, die einem produzierendem Unternehmen wie technotrans aus eben diesen Diversifikationsüberlegungen sicher gut zu Gesicht stand.

Ulrich Pelster (2. v. l.)
mit seinem Team der gds

144

Viele Jahre später zum Zeitpunkt des Redaktionsschlusses dieses Buches hat dieses Unternehmen mit „docuglobe" ein eigenes und mit über 2.000 Anwendern das verbreiteteste Redaktionssystem seiner Art entwickelt. Das später zugekaufte Berliner Unternehmen Ovidius GmbH deckte dann auch den Bereich XML-Systeme ab und mit der gds-Sprachenwelt wird ein eigenes Übersetzungsbüro betrieben. Über 500 Kunden in den Niederlanden, Frankreich, Portugal, Italien und China tragen inzwischen Jahr für Jahr zu einem schönen Umsatz- und Ergebnisanteil des Unternehmens bei.

Die grafische Fachmesse „Print"[104] in Chicago dauerte im September 2001 noch an. Eine ganze Reihe von technotrans-Mitarbeitern aus Deutschland unterstützten wie bei anderen Auslandsmessen auch dieses Mal die Mannschaft vor Ort. Ich war durch einen glücklichen Zufall schon am 10. September zurückgeflogen und beobachtete an diesem Nachmittag des 11. September fassungslos am Bildschirm mit einigen anderen Mitarbeitern, was in New York geschah: Zwei von Terroristen gesteuerte Flugzeuge rasten in das World Trade Center, ein drittes zerschellte vor dem Pentagon, ein viertes mit dem vermutlichen Ziel Washington wurde bei Shanksville, Pennsylvania zum Absturz gebracht. Entsetzt verfolgte man das Unvorstellbare, begleitet von nicht wenigen Sorgen um die eigenen Leute, die noch in den USA weilten. Hilmar Welpelo hatte ursprünglich erstmals am NY-Marathon teilnehmen wollen, der nur wenig später starten sollte. Serviceleiter Oberscheidt ereilte die Nachricht auf seinem Flug nach Chicago schon über dem Atlantik. Landen konnte seine Maschine nicht mehr in den USA, sondern sie wurde nach Toronto umgeleitet wo er drei Tage ausharrte – bevor er wieder nach Frankfurt zurückfliegen konnte. Eines war allen Beteiligten schon in diesem Moment klar: Das war nicht nur ein terroristischer Massenmord mit bisher in Friedenszeiten unbekanntem Ausmaß. Die Welt würde sich hierdurch verändern und technotrans auch.

---

104 Die „Print" ist die größte grafische Fachmesse in den USA.

Der gesamte Flugverkehr über Amerika wurde eingestellt, über 3.000 Tote waren zu beklagen und es dauerte fast eine Woche, bis alle deutschen Mitarbeiter des Unternehmens, stellenweise auf abenteuerlichsten Wegen, wieder zu Hause ankamen. Die Sicherheitsmaßnahmen im Flugverkehr wurden weltweit drastisch verschärft und die Wirtschaft geriet in eine Schockstarre ungeahnten Ausmaßes. Nicht nur, dass neue Aufträge nicht mehr abgeschossen wurden, selbst bestehende wurden storniert – mit drastischen Folgen für die Wirtschaft und das Unternehmen.

Sofort wurde unter dem Namen „value+" ein stringentes Kostensenkungs- und Effizienzsteigerungsprogramm auf allen Ebenen gestartet, unter anderem Kurzarbeit, ein Investitionsstopp, Verschlankung der betriebsinternen Prozesse und Geschäftsreisen nur noch dort, wo sie sich wirklich nicht vermeiden ließen. Doch das reichte nicht. Zwei Entlassungswellen waren in den Folgemonaten notwendig, um die Mitarbeiterzahl halbwegs dem verringerten Umsatz anzupassen und um das Unternehmen selbst nicht in Gefahr zu bringen, denn niemand wusste, wie lange sich diese Schockstarre halten würde. Schließlich stellte sich die Kapitaldecke des Unternehmens nur drei Jahre nach dem Börsengang als ausgelaugt und durch die Wachstumsfinanzierung wenig komfortabel dar. Für den Vorstand, der bisher nur Wachstum in seinem Unternehmen gekannt hatte, eine ungewohnte und überaus schmerzhafte Erfahrung, zumal der Aufsichtsrat berechtigterweise auf dieses nachdrückliche Handeln bestand. Dass dies aber nur eine vergleichsweise leichte Übung für das war, was einige Jahre später passieren sollte, stand noch in den Sternen.

Natürlich entzog sich auch der Vorstand nicht diesem extensiven Sparprogramm. So wurde selbst auf den nun besonders notwendigen Roadshows vor Ort das möglichst preiswerteste Hotel gebucht. Bei einer dieser mit Investorenterminen angefüllten Doppeltage in Frankfurt/Main lag das reichlich zwielichtige und sicher auch stundenweise buchbare Hotel in Bahnhofsnähe. Am anderen Morgen bemerkten die beiden Vorstände in einer überaus teuren Tiefgarage in Hotelnähe einen Drogenabhängigen, der es sich am Vorderreifen des Firmenwagens gemütlich gemacht hatte, um sich dort seine

146

Spritze zu setzen. Welpelo ließ sich daraufhin zu der ebenso wahren wie bemerkenswerten Aussage hinreißen; „Ich möchte in Zukunft nicht mehr, dass mein Auto teurer schläft als ich."

Wie so oft kommt aber ein Unheil nicht allein: Nachdem Baldwin im Januar 2000 beim Landgericht Düsseldorf eine Patentverletzungsklage eingereicht hatte, konnte diese von technotrans in der mündlichen Verhandlung im Januar 2001 zunächst in 1. Instanz gewonnen werden. In der 2. Instanz im September 2002 verlor technotrans allerdings vor dem Oberlandesgericht Düsseldorf. Es kristallisiert sich heraus, dass hier eine veritable Gefahr besteht, eine ganze Menge Geld zu verlieren, Baldwin beanspruchte immerhin einen Betrag von über 12 Mio. Euro. Kurzfristig entschloss man sich, eine interdisziplinäre Taskforce aus den besten und kreativsten Köpfen des Unternehmens aufzustellen und die Konstruktion der relevanten Kombinationsgeräte technisch schnellstmöglich so zu ändern, dass zukünftige Geräte nicht mehr in Konflikt mit dem relevanten Patent stehen. Ein geradezu fulminanter konstruktiver und logistischer Zusatzaufwand bei einer der Hauptserien – und das auch noch zur vollkommen ungünstigen Zeit. Gleichzeitig aber auch ein augenfälliges Indiz dafür, dass die technotrans-Mannschaft inzwischen immer mehr zu einem Teamgeist gefunden hatte, der ernste Probleme nicht nur bewältigen lassen, sondern das Unternehmen sogar oft genug daran wachsen würde. Dieser juristische Prozess würde erst im Jahre 2009 unter dramatischen Umständen vor dem BGH enden.

Im Jahre 2002 musste ich, inzwischen zum Vorsitzenden des Vorstands mutiert, leider auch noch eine andere bemerkenswerte Erfahrung machen: Der Aufsichtsrat hatte in den schwierigen Zeiten rund um 9/11 und „value⁺" feine Dissonanzen im Vorstand ausgemacht, eigentlich nichts Ungewöhnliches in Zeiten schwerer Entscheidungen. In einer turbulenten Sitzung entschied er nach längerer Diskussion, den Vertrag von Finanzvorstand Welpelo nicht zu verlängern, eine Entscheidung, die ich später bedauern sollte.

In den nächsten Jahren kamen nacheinander zwei weitere Finanzvorstände ins Unternehmen, die sich jeweils nur überschaubare Zeit im Amt hielten, ohne große Spuren zu hinterlassen, und mir den vorübergehend schlechten Ruf einbrachten, es mit Finanz-vorständen nicht so zu haben. Im Jahr 2006 rückte dann mit Dirk Engel ein Eigengewächs des Unternehmens in den Vorstand auf, der den Finanzbereich von diesem Zeitpunkt an führen sollte – und mit dem ich mich bestens vertrug.

In den letzten Ausläufern dieses „value⁺"-Programms musste auch leider die Produktion von preiswerten Geräten bei techno-trans graphics ltd. in England eingestellt werden. Die sich kon-tinuierlich reduzierenden Stückzahlen rechtfertigten die doch er-heblichen Strukturkosten eines zweiten Fertigungsstandorts nicht mehr. Gegen Ende des Jahres verließ das letzte Gerät aus engli-scher Produktion die Werkshallen in Colchester und der Standort mutierte nach der unvermeidlichen Entlassung eines Teils der Be-legschaft und einem Umzug in eine neue kleinere Werkshalle zu einem reinen „Sales und Service"-Standort. Ein Brexit der ganz besonderen Art, bevor dieser Name überhaupt geboren war und viele Jahre später landesweit überaus traurige europäische Realität werden sollte.

Erwähnenswert erscheinen noch in dieser Zeit von Diversifi-kationsbemühungen geprägte Akquisitionsgespräche mit einem

Kundengespräch mit zwei Mitarbeitern von Heidelberger Druckmaschinen

Nürnberger Unternehmen, welches als kältetechnischer Lieferant der Fa. Trumpf im damals schon stark wachsenden Lasermarkt tätig war. Diese verliefen ergebnislos, führten aber Jahre später zu anderen Ergebnissen, von denen noch zu berichten sein wird.

Unter dem Projektnamen „Flowers" prägte ein bemerkenswertes Ereignis die Jahre 2003 und 2004. Hierbei handelte es sich um den ernsthaften Übernahmeversuch des größten Wettbewerbers, der oft zitierten amerikanischen Firma Baldwin durch technotrans. Wir erinnern uns: Baldwin war zu dieser Zeit bereits der einzige weltweit noch ernst zu nehmende Wettbewerber der technotrans AG im Bereich der Feuchtmittelaufbereitung. Dazu besaß Baldwin mit ihren Gummituch-Waschanlagen[105] und Sprühfeuchtwerken auch für technotrans überaus interessante Produkte, die eine schöne Marktkonsolidierung versprachen. Ein noch interessanteres Geschäft an sogenannten „Consumables[106]", bestehend aus Reinigungstüchern für deren Gummituch-Waschanlagen, rundete diese Idee ab. Nicht zuletzt motivierte mich und mein Team natürlich auch der immer noch wie ein Damoklesschwert über unserem Unternehmen schwebende Patentrechtsprozess. Die nach dem Attentat von 9/11 ebenfalls etwas angeschlagene Verfassung des Targets machte das Ganze umso attraktiver.

Die Verhandlungen gestalteten sich, da beide Unternehmen börsennotiert[107] waren, recht schwierig, noch dazu, da Baldwin sogenannte A- und B-Shares[108] ausgegeben hatte. Die besonders wichtigen A-Shareholder glänzten in vielen Fällen durch ihr hohes Alter und bisweilen in den Augen eines westfälischen und sehr direkt agierendem Unternehmens mit ungewöhnlich wenig kon-

---

105 Im Offsetdruck wird das Druckbild von der Druckplatte zunächst auf ein kompressibles Gummituch abgelegt, bevor es auf den Bedruckstoff abgelegt wird. Dieses Gummituch muss daher von Zeit zu Zeit manuell oder automatisch gereinigt werden.

106 Engl. Verbrauchsgüter": Gummituch-Waschanlagen benötigen kontinuierlich neue Waschvliese, da diese mit der Zeit verschmutzen.

107 Baldwin notierte damals noch an der NYSE.

108 Es handelt sich hierbei um Aktien mit und ohne Stimmrecht, ähnlich den in Deutschland üblichen Vorzugsaktien.

sequenten Geschäftsgebaren. So zogen sich die Verhandlungen über viele Monate hin. Natürlich musste auch der technotrans-Aufsichtsrat eng eingebunden werden und einige externe Berater wurden hinzugezogen. Wegen der Zeitverschiebung fanden Telefongespräch oftmals spätabends oder gar nachts statt, der Mailverkehr hingegen kannte überhaupt keine Ruhepause. Eine aufregende und anstrengende Zeit für alle Beteiligten. Am Ende standen einige Ordner mit schlauen Papieren und Präsentationen im Regal: Strategiepapiere, Finanz,- und Integrationspläne, usw.

Schließlich wurde man sich nach zahlreichen konspirativen Meetings in den USA und Deutschland doch einig, sodass man in einen geordneten Due Dilligence[109] Prozess eintreten konnte. Dies bedeutete für den Vorstand eine fast zweiwöchige Reise im wahrsten Sinne rund um die Welt zu allen wichtigen Tochtergesellschaften des zu übernehmenden Unternehmens, in England, zwei Standorten in den USA, Japan, Schweden und natürlich Deutschland, um diesen bei jeder Übernahme notwendigen Prozess technisch und marktseitig mit Leben zu füllen. Mit meist positivem Ergebnis.

Die finale Unterzeichnung des Vertrages, übrigens von einigen Kunden wegen der bevorstehen Marktmacht dieser neuen Verbindung durchaus kritisch beäugt, sollte an einem Freitag im Februar 2004 stattfinden. In überaus zähen Verhandlungen war ein fixer Preis von 2,50 $ pro Baldwin-Aktie als Kaufpreis festgelegt worden. Am sehr späten Vorabend dieses Abschlusses rief vollkommen überraschend der Vorstandsvorsitzende von Baldwin, gleichzeitig auch einer der größeren Anteilseigner des Unternehmens, bei mir zu Hause an und verkündete lakonisch, dass die Versammlung der A-Shareholder dem Deal final nun leider nur zustimmen wolle, falls der Preis nicht auf 2,75 $ pro Aktie angehoben würde. Ich war wie vor den Kopf gestoßen. Der Preis war doch fest verhandelt. Vollkommen perplex bat ich mir eine Nacht

---

109 Due Dilligence: Hierunter versteht man eine mit gebotener Sorgfalt durchgeführte Risikoprüfung, die grundsätzlich vom Käufer beim Kauf von Unternehmensbeteiligungen erfolgt.

Bedenkzeit aus, eine Nacht, in der an Schlaf nicht zu denken war. Monatelange Arbeit von Heerscharen von Leuten steckten in diesem Projekt, ganz zu schweigen von den immensen Kosten, die inzwischen aufgelaufen waren und strategisch machte es doch auch allen Sinn. Dazu schwebte immer noch der Patentstreit über uns. Preislich war man doch bis an die gerade noch vertretbare Grenze gegangen. Sollte ich jetzt die Flinte wegen 25 Cent pro Aktie ins Korn werfen? 25 Cent, die allerdings den Kaufpreis durchaus ein paar Millionen in die Höhe getrieben hätten.

Am nächsten Morgen fuhr ein vollkommen übermüdeter Vorstandsvorsitzender nach kurzer Abstimmung mit dem Vorsitzenden des Aufsichtsrates in die Firma und sagte ohne jede weitere Erläuterung oder gar Diskussionen mit der Gegenseite den Deal komplett ab, selbstverständlich zum Ärger vieler Beteiligter auf beiden Seiten. Es hatte hier eine Vereinbarung gegeben und die wurde schon gebrochen, bevor dieser Vertrag überhaupt zustande kam. Offensichtlich verwechselten die Eigentümer des Targets eine seriöse, sich seit Monaten hinziehende und für beide Seiten mit extrem hohen Kosten und Zeitaufwand behaftete Verhandlung zwischen ehrenwerten Geschäftsleuten mit einem Jahrmarkt. Mit solchen Leuten konnte man kein Geschäft machen. Es sollte noch eine meiner besseren Entscheidungen werden.

9. Kapitel
Expansion und eine Heuschrecke
Bewegte und bewegende Jahre
(2005-2007)

„Schöne Blumen wachsen langsam. Nur das Unkraut
hat es eilig."
William Shakespeare
(1564-1616)

Unternehmen bieten Arbeitsplätze, produzieren Produkte oder Dienstleistungen und zahlen Steuern, oder besser kurz und bündig: Sie schaffen Werte. Das machen sie manchmal gut und manchmal weniger gut, aber die Richtung ist meist klar und verdient Respekt. Schwerer wird es mit diesem Respekt, wenn weder Arbeit noch Produkte oder Dienstleistungen im Vordergrund stehen und schon gar nicht das Zahlen von Steuern. Hier beginnt die Fahrt einer ungewöhnlichen Spezies, die leicht an oft exotischen Geschäftsadressen und noch exotischerem Auftreten erkennbar ist. Man sollte sich also, wenn es denn gelingt, vor ihnen hüten.

Die in einem Wohngebiet Augsburgs beheimateten Geschäfts- und Produktionsräume der ehemaligen bvs Graphische Technik, später umfirmiert zur technotrans systems, wurden zu klein und man entschied schon 2004, dort einen Neubau in Angriff zu nehmen. Schließlich war der Standort inzwischen zuständig für alle Produkte rund um das Thema Farbförderung in Druckmaschinen. Endlich hatte der betriebsinterne „Baumeister" Karl Ertl auch wieder ein Projekt, und das mit recht großen Herausforderungen. Dahinter steckte nämlich eine ganz andere Überlegung: Der immer noch laufende Patentrechtsprozess mit Baldwin entwickelte sich zu einer derartig massiven Auseinandersetzung, der hier und da durchaus auf beiden Seiten persönliche Züge nicht nur auf Geschäftsleitungsebene annahm. Die damals gescheiterte Übernahme und das weitere Prosperieren der technotrans AG zulasten seines Wettbewerbers taten dabei ihr Übriges.

In dieser Gemengelage entschied man sich bei technotrans, einen Frontalangriff auf den Wettbewerber zu starten. Dieser Angriff sollte auf dessen erfolgreichste und profitabelste Produktlinie zielen: Gummituch-Waschanlagen[110]. Da die Europazentrale von Baldwin unweit von Augsburg angesiedelt war, sollte der Standort Augsburg zum Ort dieses finalen Showdowns werden. Man entschied sich, in Gersthofen nördlich von Augsburg ein neues großes Werk zu errichten, welches zunächst natürlich die Aktivitäten des Bereiches Farbzuführung aufnehmen sollte, diesmal aber mit ordentlichem Workflow und schicken Büros nach der technotrans-Corporate-Identity. Mit Alois Scharf konnte schon Jahre vorher ein geeigneter Sassenberger Mitarbeiter gewonnen werden, um diesen Standort als Niederlassungsleiter zu übernehmen. Dessen regionaltypisch überaus passender Vorname erschien dafür auch nicht gerade hinderlich.

Schnell wurde in der Branche bekannt, was technotrans an diesem Standort plante. Inzwischen durchaus ein wenig berühmt dafür, sich mit neuen Produkten im Markt durchsetzen zu können, erreichten uns auch wie geplant schnell Bewerbungen von zahlreichen qualifizierten Mitarbeitern des Wettbewerbers, noch dazu genau aus diesem avisierten neuen Technologiebereich. Und so kam es, dass schon zwei Entwicklungsjahre später die ersten Produkte an Druckmaschinen bewundert werden konnten, zwar noch mit manchen Kinderkrankheiten behaftet, aber der Anfang war gemacht. Allerdings ein Anfang vom Ende nicht nur für diese Produktlinie, sondern auch für diesen Standort wie wir später sehen werden. Tragischerweise würde es nicht einmal mit diesem Standort oder dieser neuen Produktlinie zu tun haben.

Auch der asiatische Markt konnte in diesen Jahren entwickelt werden. Da japanische Druckmaschinenhersteller wie Komori, Mitsubishi und Ryobi immer stärker wurden und auf den amerikanischen und europäischen Markt drängten, konnte zunächst eine

---

110 Das Druckbild der metallischen Druckplatte wird im Offsetdruck nicht direkt auf den Bedruckstoff übertragen, sondern über einem Gummituchzylinder transferiert. Dieser sorgt für die notwendige Kompressibilität, verschmutzt aber im Laufe des Betriebs und muss gereinigt werden. Das geschieht von Hand oder besser automatisch mittels Gummituch-Waschanlagen.

japanische Tochtergesellschaft in Kobe gegründet werden. Die dadurch immer notwendiger werdenden Besuche in fremden Ländern führten oft genug zu amüsanten Zwischenfällen: Der erste Kontakt des Serviceleiters Hubert Oberscheidt mit vollautomatischen japanischen Toiletten, welche quasi als Kombination eines luxuriösen Bidets und üblicher Toilette funktionieren, garniert mit fokussierten kräftigen Spritzdüsen für das vorgewärmte Reinigungswasser und ebenso zielgerichtetem Heißluftföhn, geriet zum Desaster. Unglaublich fasziniert von den atemberaubenden technischen Vorgängen in dieser Teufelsmaschine vergaß er, sich auch ordnungsgemäß draufzusetzen. Das Resultat war ein sehr nasser Servicedirektor, der beim späteren Frühstück in frischer trockener Kleidung ernsthaft mit seinen Kollegen darüber nachdachte, wie man mit einer geeigneten Sicherheitsschaltung ähnliche Peinlichkeiten in Zukunft verhindern könne.

Erste chinesische Druckmaschinenhersteller begannen in ihrem Heimatmarkt Furore zu machen und würden, daran bestand kein Zweifel, irgendwann auch den Weg auf den Weltmarkt finden. Nicht zuletzt verlangte auch Heidelberger Druckmaschinen von technotrans Präsenz auf diesem für sie immer wichtiger werdenden Markt. So folgte auch recht schnell die Gründung einer chinesischen Tochtergesellschaft, die zunächst in Peking ihre ersten, leider wenig erfolgreichen Jahre fristete und später nach Taicang[111] im Süden Chinas übersiedelte, um es dort in einer anderen Konstellation später zu einigem Erfolg zu bringen.

Licht und Schatten liegen gerade am Finanzmarkt nahe beieinander. Nicht nur auf der Seite der Emittenten zeigt sich hier und da Ungewöhnliches; auch aufseiten der Investoren gibt es manchmal Sonderliches zu beobachten:

Die British Virgin Islands sind ein wunderbarer Ort zum Entspannen, zum Segeln oder nur, um einfach karibisch entspanntes

---

111 Taicang liegt etwa 48 km nordwestlich des Zentrums Shanghais und hat etwa 500.000 Einwohner. Die Stadt ist Schwerpunkt der deutsch-chinesischen Zusammenarbeit und besitzt den „German-Industrial Park" mit Ansiedlungen vieler mittelständischer deutscher Firmen, u. a. technotrans.

Der Vorstandsvorsitzende
mit dem langjährigen
Betriebsratsvorsitzenden
Matthias Laudick

Flair zu genießen. Was es hier aber auch gibt, vor allem in der nicht gerade besonders hübschen Provinzhauptstadt Road Town auf der Insel Tortula, bezeichnenderweise einem ehemaligen Piratennest, sind ganze Straßenzüge mit schmucklosen Geschäftshäusern, an und in denen sich Briefkasten an Briefkasten reiht. Diese gehören in aller Regel zu fast einer halben Million sogenannter Offshore-Firmen, die diese zweifelhaften Adressen nutzen, um keine oder nur geringe Steuern zu zahlen und von dort aus weltweit ihren ungewöhnlichen „Geschäften" nachgehen. Der Vollständigkeit sei erwähnt, dass auch auf den Cayman Islands, auf Bermuda, im amerikanischen Bundesstaat Delaware und einigen andere netten Orten dieser Welt derartige „Vergünstigungen" für diese Raubritter des Kapitalismus zu haben sind.

Schon im Jahre 2004 verirrte sich ein Dr. Grün[112] in ein Investorengespräch im Rahmen eines Investorenmeetings in Frankfurt mit mir. Dessen Organisation wies sich laut der stolz überreichten Karte mit Adresse auf ebendiesen BVIs aus, konkreter noch Road Town, Tortula.

---

112 Der Name wurde vom Autor geändert.

Dieser mit einer geradezu unglaublichen Chuzpe auftretende Mann, durchaus ein Typ smarter Investmentbanker, verstieg sich zunächst in die Frage, ob sein Gegenüber denn das Geschäftsmodell seines Unternehmens überhaupt verstanden hätte. Das nahm ich zunächst erst einmal einigermaßen perplex zur Kenntnis. Hatte ich doch bisher angenommen, dass dies wohl hier und da in Einzelaspekten der Fall gewesen wäre. Dem war aber noch nicht genug: Dieser Herr legte einen Aktionsplan vor, was denn so im Unternehmen demnächst, im Sinne von sehr bald, alles konkret zu tun wäre, um dem zu dieser Zeit recht miserablen Aktienkurs endlich wieder auf die Sprünge zu helfen: Verkauf von unrentablen Unternehmensbereichen, Entlassungen von Mitarbeitern, engagiertere Akquisitionen, usw. Ein bunter Strauß von Maßnahmen zur Steigerung des Aktienkurses ohne jedes tiefere Verstehen von dem, was technotrans gerade tat. Ob hierbei auch nur der Anflug eines Gedankens sein Hirn trübte, der eine langfristig gesunde Entwicklung des Unternehmens zum Ziel hatte, war nicht erkennbar.

Einzelne noch in vorgetäuschter Ruhe und deutlicher Körperbeherrschung von mir vorgetragene Argumente verfingen nicht bei meinem Gegenüber oder wurden als nicht zielführend abgetan. Als zielführend galt offensichtlich ausschließlich die kurzfristige Steigerung des Wertes der Aktie. Selbst mein eigentlich solider Einwand, dass das Management in ganz erheblichem Maße Aktien hielt und damit sehr wohl an langfristiger gesunder Entwicklung „seines" Unternehmens interessiert sei, zog nicht übermäßig. Bis hierher verlief diese Unterhaltung noch in halbwegs geregelten Bahnen, was Eingeweihte zu diesem Zeitpunkt bei meinem nicht gerade typisch westfälisch zu nennendem Temperament sicher sehr verwundert hätte.

Nun wurde das Gespräch aber ernster und noch dazu in einem arroganten und erkennbar drohenden Ton: Man wäre ja nicht der einzige Investor in dieses Unternehmen, sondern man kenne ja noch eine ganze Reihe anderer, ebenso denkender Investoren und man würde sicher auch nicht zögern, in Zukunft einmal gemeinsam mit diesen ein wenig Druck auf das seines Erachtens reichlich unfähige Management auszuüben – falls dieses sich nicht alsbald befleißigen würde, auf die eben gemachten „Vorschläge" einzugehen. Dies ginge zum Beispiel doch recht einfach über eine Bündelung von Stimmrechten auf der nächsten Hauptversammlung, Abwahl einiger oder aller Aufsichtsräte und kurze Zeit später durch die Abberufung eines oder mehrerer „ungeeigneter" Vorstände.

Das Gespräch, wenn man es denn zu diesem Zeitpunkt noch so nennen wollte, war schnell beendet und wir gingen auseinander in der Gewissheit, dass sich hier sicherlich keine tiefe Freundschaft entwickeln würde.

Die nächsten Monate bis zur Hauptversammlung wurden nun also überaus spannend. Würde es zu einer Gruppenbildung aktivistischer Aktionäre kommen oder nicht? Würden andere technotrans-Aktionäre das genauso sehen wie dieser Dr. Grün? Erste Hoffnung machten Nachforschungen, die ergaben, dass dessen berufliche Provenienz und auch seine Kontakte Zweifel an dessen ernsthafter Seriosität aufkommen ließen.

Zahlreiche Roadshows zu den meisten großen Aktionären in ganz Europa wurden nun genutzt, um die langfristigen Ziele des Unternehmens zu erläutern. Die Ergebnisse dieser Gespräche beruhigten das Management halbwegs und es passierte auf der nächsten mit Spannung erwarteten Hauptversammlung glücklicherweise gar nichts. Was allerdings passierte, war, dass technotrans ein paar Jahre später seine Aktien auf Namensaktien umstellte. Damit war dem Unternehmen jederzeit bekannt, wer gerade welche Aktienpakete besaß und wo sich eventuelles Ungemach anbahnen könnte – von einigen Verschleierungstricks findiger Banken[113] einmal abgesehen, wie spätere Entwicklungen noch zeigen sollten. Schließlich braucht ein solider Wert wie technotrans auch solide Investoren.

---

113 Die Übernahme der Aktienmehrheit an der Fa. Pfeiffer Vakuum durch die Fa. Busch in den Jahren 2017 und 2018 ist dafür ein gutes Beispiel.

Dieser bemerkenswerte Vorgang inspirierte mich Jahre später zu meinem ersten bescheidenen literarischen Versuch[114] in Form eines Kriminalromans, in welchem ich genau diese eindrucksvolle Begebenheit, natürlich entsprechend literarisch verfremdet und in Teilen sicher auch überhöht, zum Thema machte.

Um an dieser Stelle keine Missverständnisse aufkommen zu lassen: Es ist das gute Recht jedes Aktionärs, den Kurs des Unternehmens aufmerksam zu beobachten und im Rahmen der Hauptversammlung und zahlreichen anderen Gelegenheiten mit dem Management offensiv zu diskutieren. Sogar eine massive Einflussnahme bei offensichtlichem strategischen oder sonst wie geartetem Fehlverhalten des Managements gehört selbstverständlich dazu. Wenn allerdings aktivistische Aktionäre mit lautem Krawall – und oft nur lächerlich kleineren Aktienpaketen – kurzfristige Aktienkurssteigerungen erzielen wollen, meist erreicht durch waghalsige Aktivitäten ihres Zielunternehmens wie Entlassungen von Mitarbeitern, Aufspaltungen, Veräußerungen oder nur vordergründig sinnvoller Akquisitionen, dann sollten sie hier und da mit dem ernsthaften Widerstand des Managements rechnen. Schließlich ist das Management nicht nur Sachverwalter aller Aktionäre, sondern auch dem Unternehmen in seiner Gesamtheit und dessen langfristig prosperierender Zukunft verpflichtet. Und dazu gehört nun einmal etwas mehr, als für ein paar windige Leute mit Firmensitzen in ehemaligen Piratennestern kurzfristig einen schnellen Profit zu bescheren.

Die Auseinandersetzungen gipfelten in einem ungewöhnlichen Brief des Vorstands an diesen Investor, datiert November 2007, aus dem an dieser Stelle ausnahmsweise einmal zitiert sei, da es ein hübsches Beispiel dafür ist, wie man jemandem mit netten Worten die Tür weißt:

„Seit Sie technotrans kennen, ist eine zentrale Folie der Präsentation zusammengefasst in den Worten: ‚Unser Geschäft ist auf solide, am Ergebnis orientierte Entwicklung und nachhaltiges

---

114 „Wendezeit – Eine Segelreise in die Abgründe der Finanzwelt";
ISBN 978-3-8370-2318-3

Wachstum ausgelegt.' Die Umsatz- und Ergebniszahlen seit dem Börsengang vor fast 10 Jahren belegen das sicher eindrucksvoll. Diese solide, nachhaltige Entwicklung steht jedoch im Gegensatz zu Überlegungen und Maßnahmen, die die derzeitige Lage mit dem Ziel der kurzfristigen Aktienkurs-Optimierung in den Mittelpunkt rücken. Die von Ihnen genannten Fragen, die nach Ihrer Ansicht derzeit erörtert werden sollten, zielen ausnahmslos auf so eine kurzfristige Sicht. Und an dieser Stelle fragen wir uns einfach, ob Ihre Ziele als Investor eigentlich überhaupt und grundsätzlich zu der Philosophie unseres Unternehmens passen." Es mag nicht unbedingt verwundern, dass der Adressat diesen Brief nutzte, um ihn als Ende seines Engagements bei technotrans zu begreifen. Er hatte ganz offensichtlich die Message verstanden.

Ein anderes, für viele im Unternehmen überraschendes Ende kündigte sich einige Monate später ebenfalls an. Mit meiner Gesundheit stand es schon seit Jahren nicht zum Besten. Entstammte ich doch einer Familie, in der es zum guten Ton gehörte, so um das 50. Lebensjahr einen soliden Herzinfarkt zu nehmen. Jahrelang wiederholte Warnungen meines Hausarztes in diese Richtung blieben da nicht ohne Wirkung. Dazu kam die überaus belastende Reisetätigkeit in diesem nun vollkommen internationalen Unternehmen und ein langsam sich einschleichendes Gefühl, hier und da die meisten Ideen abgearbeitet zu haben und auch anderen die Chance geben zu können, sich mit neuen Ideen zu verwirklichen. Auch der Gedanke, in Zukunft einmal Zeit für meine breiten Interessen außerhalb des Unternehmens zu haben, die in den vergangenen Jahren viel zu kurz gekommen waren, faszinierte mich. Fast 30 Jahren im aktiven Geschäft der technotrans AG sollten auch reichen. Schließlich hat jeder nur ein Leben und man muss es mit den Dingen anfüllen, die einem wichtig sind.

Diese für mich ganz persönlich bereits im Jahr 2005 getroffene und nur vertraulich mit dem Aufsichtsratsvorsitzenden kommunizierte Entscheidung, brauchte aber einen langen und geordneten Vorlauf, um einen geeigneten Nachfolger im Unternehmen aufzubauen und um diesen zu geeigneter Zeit dem Aufsichtsrat vorzuschlagen zu können. Meine Wahl fiel auf Henry Brickenkamp, einem jungen Ingenieur der Elektrotechnik, der gerade eine berufliche Station bei der Fa. Harting in Espelkamp nutzte, um sich eine Anstellung mit mehr Perspektive, noch dazu fernab einer familiengeführten Firma zu suchen.

Brickenkamp, jüngstes von drei Kindern eines Kfz-Schlossers, hatte seinem Vater schon in seiner Jugend eifrig geholfen, aufgekaufte Unfallautos zu reparieren. Wenig später vertiefte er diese frühe technische Passion mit Freunden im Rahmen des damals modernen und, seiner Meinung nach, dringend notwendigen Frisierens viel zu langsamer Mofas. Einer dieser Freunde animierte ihn, eine Lehre als Elektromechaniker zu machen, um sich dort Fertigkeiten anzueignen, die man nicht nur bei Mofas und Autos immer gut gebrauchen konnte. Die als „Ostwestfalen Meister" beendete Ausbildung schrie geradezu danach, hier noch ein Studium der Elektrotechnik draufzusetzen.

Am Rande sei erwähnt, dass es immer wieder gern geübte und sehr erfolgreiche Praxis bei technotrans war und ist, Führungskräfte einzustellen, die vor ihrem Studium eine Ausbildung absolviert haben. Ausschlaggebend hierfür ist sicher nicht allein die bodenständige Erfahrung einen, wie auch immer gearteten, Handwerksberuf „von der Pike auf" erlernt zu haben, sondern solche Ausbildungen erden üblicherweise die Kandidaten und machen sie reifer, um Führungsaufgaben in einem bodenständigen mittelständischen Betrieb zu übernehmen, in welchem besonderen Wert auf ein wertschätzendes Miteinander aller Ebenen gelegt wird.

Bemerkenswert an Brickenkamps Werdegang war, wie er Jahre später schilderte, dass er, da handwerklich überaus geschickt, zu Hause nahezu alle handwerklichen Tätigkeiten gut und mit großer Leidenschaft ausführte, allerdings gerade um das Gewerk, welches technotrans am nächsten liegt, Gas-, Wasser- und Heizungstechnik, immer einen großen Bogen gemacht hatte. Dass ihn dieser Bereich später einmal 13 Berufsjahre und davon über 10 Jahre in leitender Funktion begleiten würde, hätte er sich damals wohl nicht träumen lassen.

Die Jahre 2005 bis 2008 zeichneten sich durch starkes Wachstum aus. Das Unternehmen prosperierte in fast allen Bereichen. Der neue erbaute Standort Gersthofen bei Augsburg wuchs stetig und die Markteinführung der Gummituch-Waschanlagen lief vorsichtig an.

Ausgelöst durch erhebliche unterschiedliche Auffassungen in der Geschäftspolitik mit der lokalen Geschäftsführung der kleinen Tochtergesellschaft in Corona, Cal. USA, nutzte man, wie schon geschildert, die positive Marktlage als Gelegenheit zur Konzentration aller Aktivitäten dem amerikanischen Kontinent an dem noch heute existierendem Standort Chicago, Il. Dies sei an dieser Stelle noch einmal erwähnt, da es eine der letzten Begebenheiten sein sollte, bei der eine lokale Geschäftsführung versuchte, die Richtlinien des Geschäftes zu diktieren. technotrans war inzwischen zu einem selbstbewussten internationalen Unternehmen geworden, welches mit einer einheitlichen und kongruenten Geschäftspolitik seinen internationalen OEM-Kunden gegenübertreten musste, um erfolgreich zu bleiben.

Im Juli 2006 rückte Henry Brickenkamp als stellvertretendes Mitglied in den Vorstand auf und wurde dort plangemäß mit Wirkung zum 5. März 2007 vom Aufsichtsrat zum ordentlichen Mitglied bestellt. Zu diesem Zeitpunkt war bereits für Eingeweihte erkennbar, dass sich in etwas mehr als einem Jahr die Führung des Unternehmens gegebenenfalls verändern könnte.

Die technische Entwicklung setzte in diesen Jahren auch in der Welt um technotrans herum zu einem mächtigen Sprung nach vorn an. In Kalifornien stellte ein gewisser Steve Jobs ein neues Mobiltelefon vor, dass eigentlich kein Mobiltelefon mehr war. Es war viel mehr und würde mit seinen Möglichkeiten und Anwendungen zukünftige Generationen prägen.

Zur Abrundung des Geschäftes mit Gummituch-Waschanlagen entschied man sich 2007 noch zu einer weiteren kleineren

Akquisition, der Fa. rotoclean. Das Unternehmen hatte sich auf den Zeitungsdruck fokussiert und war dabei, Marktanteile zu gewinnen. So konnten Brickenkamp und ich erstmals gemeinsam an einer, wenn auch kleinen, Akquisition arbeiten, einer Akquisition, die aber unter keinem guten Stern stand, da Ereignisse des Jahres 2008 die Karten vollkommen neu mischen würden.

Immer mal wieder fragte ich in diesem, meinem letzten Jahr meinen jungen Kollegen Brickenkamp, was er denn anders machen würde. Schließlich kehren neue Besen gut, haben neue Ideen oder zumindest eine Menge Kritisches an den Altvorderen zu bemerken. Nicht wenig überraschend hieß seine lapidare und sicher auch irgendwie der Wahrheit entsprechende Antwort jedoch in der Regel nur: „Nichts, läuft doch alles." Es lief aber nicht mehr lange gut.

10. Kapitel
Der perfekte Sturm
Generationswechsel, Lehman und Folgen
(2008-2010)

„Große Krisen zeigen uns, um wieviel größer unsere vitalen Ressourcen sind als wir selbst annehmen."
William James
(1842-1910)

Die geradezu banale Feststellung, dass ein Unglück selten allein kommt, stimmt leider nur zu oft. Manchmal ist es sogar eine ganze Summe voneinander unabhängigen Ereignissen, die ein Unternehmen zu einem überraschenden Zeitpunkt vollkommen aus der Bahn werfen kann. Eine unglaubliche Herausforderung für das Management und die Mitarbeiter eines Unternehmens, der man am Ende des Tages aber eigentlich nur den Geschmack der Katastrophe nehmen muss, um sie zu bewältigen. Leicht gesagt!

Wie geplant verabschiedete ich mich im April 2008 nach 8 Jahren als Vertriebsleiter, 10 Jahren als Geschäftsführer und weiteren 10 Jahren als Vorstandsvorsitzender auf der 10. jährlichen Hauptversammlung in der Halle Münsterland aus meinem Amt. Wenig später wurde ich dann mit großer Mehrheit in den Aufsichtsrat des Unternehmens gewählt. Dieses Gremium wählte mich wiederum ein paar Stunden später in der konstituierenden Sitzung des neuen Aufsichtsrates einstimmig zu seinem neuen Vorsitzenden.

Der Umstand, dass ein Vorstand direkt in den Aufsichtsrat wechselt, wurde schon damals von einigen Investoren und auch vom Gesetzgeber mit gewisser, sicher auch nicht ganz unberechtigter Skepsis gesehen. In der Regel soll heute eine sogenannten „Cooling Off Phase"[115] erfolgen, damit der neue Aufsichtsrat genügend Abstand zum Geschäft gewinnen kann. In diesem speziellen Fall bestand diese Gefahr wohl eher nicht und in Kenntnis der kommenden Ereignisse darf man davon ausgehen, dass es zumindest nicht hinderlich sein sollte, in den nächsten Monaten und Jahren einen mit dem Geschäft und den handelnden Per-

---

115 Der Corporate Governance Codex für börsennotierte Gesellschaften schlägt heute einen Zeitraum von zwei Jahren für diese Phase vor.

sonen eng vertrauten Mann an der Spitze des Aufsichtsrates zu haben.

Der neue Aufsichtsratsvorsitzende verabschiedet seinen Vorgänger Joachim Simmroß

Es war für mich eine große Ehre, mich als erste Amtshandlung bei meinem ehemaligen Aufsichtsratsvorsitzenden und nun aus Altersgründen ausscheidenden Joachim Simmroß in aller Form zu bedanken. Er hatte das Unternehmen über 20 Jahre durch viele Höhen und Tiefen begleitet. Von den ersten Gesprächen über den Eintritt der Hannover Finanz in das Unternehmen über ein Beiratsmandat und dann dem Vorsitz im späteren Bei- und Aufsichtsrat hatte er technotrans immer kenntnisreich, verantwortlich, kreativ, aber auch risikobereit begleitet. Simmroß gehörte zu den Beteiligungsmanagern, die auf der Basis eigener langer Führungserfahrung wussten, dass Kontinuität, Menschlichkeit, Vertrauen, Beharrlichkeit und solides Augenmaß für den Erfolg unerlässlich sind. Diese ehernen Prinzipien haben auch die technotrans über fast eine Generation mitgeprägt. In jedem Fall ein paar große Schuhe für seinen Nachfolger.

166

Da die technotrans AG inzwischen mit weit über 850 Mitarbeitern und einem Umsatz von über 150 Mio. Euro eine Unternehmensgröße erreicht hatte, die es dauerhaft der in Deutschland für börsennotierte Unternehmen geltenden Arbeitnehmer-Mitbestimmung unterwerfen würde, konnten nun auch zwei offiziell gewählte Belegschaftsvertreter in den Aufsichtsrat einziehen und den Platz der Managementaktionäre Oberscheidt und Harig übernehmen, die diese Funktion bis dato sachkundig und mit viel Einsatz ausgefüllt hatten. So setzte sich der neue Aufsichtsrat nun aus vier Vertretern der Kapitalseite und zwei „echten" Vertretern der Belegschaft zusammen, ein Umstand, den das Unternehmen in jeder Hinsicht begrüßte, da damit auch die Belegschaft eine gern gehörte Stimme in diesem Gremium hatte. Gerade in den nun folgenden schweren Zeiten wurde es geradezu existenziell, dass die Entscheidungen, die zu treffen waren, nicht nur vom Aufsichtsrat als Vertreter der Aktionäre und des Managements, sondern auch von der Belegschaft mitgetragen wurden.

Es wurde später häufig die Frage gestellt, ob man die dann bald hereinbrechende Krise nicht vorher hätte absehen oder wenigstens erahnen können. Diese Frage muss man in Einzelaspekten sicher mit ja beantworten, in anderen eher nicht. Beginnen wir in der analytischen Beantwortung dieser Frage beim allgemeinen Umfeld: Schon im Vorjahr hatte sich weltweit eine Finanzkrise angedeutet, die jedoch mit der Lehman-Pleite am 15. September 2008 erst richtig an Dynamik gewann. Ein möglicher Zusammenbruch des Weltfinanzsystems stand zu befürchten, Stichworte sind Subprime-, Schulden- und Eurokrise. Schlagartig investierte die Wirtschaft nicht mehr, sogar bestehende Aufträge wurden storniert.
Dass es die Druckindustrie ganz besonders hart traf, lag aber an einer ganzen Reihe von anderen Effekten. Zum einen hatten die Druckmaschinenhersteller zusammen mit ihren Systemlieferanten dafür gesorgt, dass immer schnellere und effizienter Druckmaschinen auf den Markt kamen. Grob vereinfacht konnte man sagen, dass Druckmaschinen innerhalb jeweils einer Dekade um

etwa den Faktor zwei produktiver geworden waren. Man brauchte also immer weniger Maschinen, die gleichzeitig natürlich nicht um den Faktor zwei komplexer oder gar teurer waren, um die gleiche Produktion zu bewerkstelligen. Denn leider stagnierte die Produktionsmenge schon seit Jahren mit nur wenigen Ausnahmen wie z. B. dem Verpackungsdruck.

Dieses Szenario wurde aber auch noch durch drei weitere Elemente überlagert: Erstens sparen Unternehmen in Krisenzeiten zuerst an ihren Werbeausgaben. Werbung in ihrer unterschiedlichsten Form ist aber nun mal entgegen landläufiger Meinung einer der Haupteinnahmefaktoren der meisten Printmedien, wenn sie nicht sogar ausschließlich zu Werbezwecken dienen. Zweitens wanderten just zu diesem Zeitpunkt immer mehr Werbeausgaben in die sich immer stärker verbreitenden digitalen Medien ab. Ein Prozess, der sich auch in den nächsten Jahren immer weiter verstärken sollte. Und drittens beschleunigte diese Krise den Niedergang des durch veränderte Lesegewohnheiten ohnehin seit Jahren weltweit rückläufigen Zeitungsdrucks in einer derartigen Weise, dass in den Folgejahren fast überhaupt keine neuen Zeitungsrotationen mehr verkauft werden würden, die bis dato einen sogar recht erheblichen Umsatzbeitrag für technotrans darstellten.

Kommen wir aber nun zum wohl schwierigsten Punkt dieser Betrachtung und nennen wir ihn schlicht „Erfolg macht blind". Jahrzehntelang hatte sich das Unternehmen trotz einiger Turbulenzen stets prächtig entwickelt. Man war bekannt, innovativ und industrieweit in aller Munde. Offensichtlich machte man zwar nicht alles, aber doch vieles richtig. So wuchs die Gefahr, zu denken, dass es auch so weitergehen könnte. Und selbst wenn eine Krise käme, würde auch diese ihre Chancen bieten. Schließlich würde starken Lieferanten wie technotrans ein weiterer Konsolidierungsprozess des Lieferantenspektrums von OEMs gegebenenfalls sogar prächtig ins Kontor spielen und dieser starke Lieferant war technotrans nun mal. Was sich hier auf den ersten Blick logisch anhört, trat aber nur sehr bedingt ein. Nur schwachen Trost spendete da das schon 1997 vom Harvard-Professor Clayton M. Christensen veröffentliche Werk „The Innovators Dilemma"[116], welches an zahlreichen, oft sehr bekannten Beispielen beschreibt, wie solches Scheitern zustande kommt.

Kurz: Es handelte sich um eine Gemengelage von geradezu explosiver Kraft, ein perfekter Sturm, der dazu führte, dass sich in den nächsten wenigen Jahren insbesondere der Umsatz der Druckindustrie halbieren würde, große und ehrwürdige Druckmaschinenhersteller würden vom Markt verschwinden oder in seriöse Probleme geraten. Kein Wunder, dass es auch für technotrans keinesfalls besser aussah.

Wie reagiert man in einer Krise dieses Ausmaßes? Wie lange würde solch eine Krise anhalten? Würde es danach jemals wieder so werden wie vorher? In teils kontroversen Diskussionen mit dem inzwischen monatlich tagenden Aufsichtsrat wurde das Für und Wider der einzelnen Maßnahmen diskutiert. Schnell erzielte man Einigkeit darüber, dass die Druckindustrie nicht wieder zu alten Höhen zurückfinden würde, übrigens eher als dies bei einigen der großen Kunden und erst recht bei Kollegen der Zulieferindustrie der Fall war. Rationalisierung, Digitalisierung und unwiederbringlich geändertes Kundenverhalten standen dem entgegen. Eine erste und absolut unumgängliche Entlassungswelle, dann die Einführung von Kurzarbeit, die noch weit bis in das Jahr 2010 bestehen sollte.

Die Kurzarbeit ist ohne Zweifel das Mittel der Wahl, um möglichst viele Mitarbeiter an Bord zu behalten. Sie wurde schnell und unbürokratisch mit dem Betriebsrat verhandelt und eingeführt. Bemerkenswert hierbei war die einstimmige Entscheidung, dass alle Mitarbeiter bis hin zum Vorstand hieran teilnahmen, obgleich man weiterhin den Eindruck hatte, dass überall nicht nur engagiert weitergearbeitet wurde, sondern hier und da auch noch manche Schippe draufgelegt wurde.

Kurzarbeit setzt allerdings voraus, dass erkennbar ist, dass eine Krise von beschränkter Dauer ist. Wie schon geschildert wurde,

---

116 In Deutschland in Abänderung ebenfalls unter diesem Titel erschienen, ISBN 987-3-8006-3791-1.

stellte sich hier sehr schnell heraus, dass dies nicht der Fall war. Zu viele strukturelle Aspekte würden dafür sorgen, dass die Druckindustrie sich nicht wieder in alten Höhen aufschwingen würde. Daher konnte die Kurzarbeit nur ein erster Schritt sein. Leider wurde auch eine zweite Entlassungswelle unvermeidlich, um das Unternehmen nicht in Gefahr zu bringen.

Entlassungen sind für ein Unternehmen eine der härtesten Herausforderungen überhaupt. Schließlich muss man sich von loyalen Mitarbeitern trennen, die sich in aller Regel mit dem Unternehmen identifizieren, ihren Beitrag geleistet haben und sie gleichzeitig einer manchmal ungewissen beruflichen Zukunft überlassen. Auswirkungen auf die Karriereplanung bis in Einzelfällen hin zu persönlichen und familiären Problemen sind oft nicht weit. Dazu kommt unweigerlich der Abfluss von Know-how im Großen wie im Kleinen und eine allgemeine Unzufriedenheit in der Belegschaft, die kein Unternehmen leichtfertig aufs Spiel setzt. Schließlich sieht man Kolleginnen und Kollegen gehen, die oft genug zu guten Bekannten und Freunden geworden sind.

Trotz dieser dramatischen Lage musste man dennoch versuchen, so viele der loyalen und gut ausgebildeten Mitarbeiter zu behalten wie es eben ging. Denn jetzt gab es eine ganz besondere Herausforderung zu bestehen: Wollte das Unternehmen auch in Zukunft erfolgreich sein oder gar wachsen, dann war es notwendig, sich nun ganz substanziell um andere Märkte zu bemühen, wesentlich substanzieller und nachdrücklicher als das in der Vergangenheit der Fall war. Und auch dafür brauchte man nun mal Mitarbeiter.

Allen geschilderten Problemen zum Trotz steht jedoch die Gesundheit des Unternehmens im Vordergrund, denn die sichert dessen keineswegs immer vorbestimmten Fortbestand und damit den Arbeitsplatz vieler. Gerade ältere Unternehmen tun sich bei diesen Maßnahmen verständlicherweise schwer. Herrscht bei ihnen doch die verbreitete Meinung vor, dass es in der Vergangenheit noch immer gut gegangen ist. Einige Kunden der technotrans würden dies leider sehr bald und sehr schmerzhaft am eigenen Leib erfahren, oft sogar noch befeuert durch das uneinsichtige Verhalten von deren Betriebsräten – mit den entsprechenden Auswirkungen.

Doch gerade hier zeigte sich einmal wieder der beispiellose Zusammenhalt in der Belegschaft der technotrans. Nicht nur, dass alle Organe des Unternehmens an einem Strick zogen, sondern insbesondere die faire und offene Zusammenarbeit mit dem Betriebsrat ermöglichte die notwendigen Anpassungen auf der Personalseite, die entschieden dazu beitrugen, Schlimmeres oder gar eine Katastrophe zu verhindern. Immer weiter prägte sich ein in vielerlei Hinsicht verantwortliches Vorgehen aller Beteiligten: Unternehmens- und Mitarbeiterinteressen in ein professionelles Gleichgewicht zu bringen, die jeder versteht und daher am Ende mittragen kann, selbst dann, wenn dies in vielen Fällen dem Einzelnen Härten abverlangt.

In diese Zeit fällt auch eine Neuaufstellung eines Vergütungssystems, welches noch heute gelebt wird. Durchaus komplizierte und intransparente Regelungen der IG-Metall konnten über Bord geworfen werden und an ihrer Stelle entstand ein solches, welches hausintern verhandelt und den jeweils aktuellen wirtschaftlichen Gegebenheiten des eigenen Unternehmens angepasst werden konnte.

Natürlich durften die Maßnahmen auf der Personalseite nicht alleine stehen: Standorte wurden geschlossen, allen voran der erst vor wenigen Jahren neu gebaute Standort Gersthofen bei Augsburg mit seiner neuen Produktlinie Gummituch-Waschanlagen, die ebenfalls umgehend eingestellt wurde. Die dortige Produktion von Farbpumpen und Förderanlagen verlegte man ins Stammwerk nach Sassenberg, wo sowieso auf manchen Ebenen der Fertigung inzwischen gähnende Leere herrschte. Glücklicherweise gelang es dem Vorstand auch schnell, einen Käufer für die noch fast neue Immobilie zu finden, sodass die gerade laufenden Kredite hierfür nahezu vollständig abgebaut werden konnten. In den USA wurde die ohnehin wenig rentable Fertigung von Feuchtmittel-Aufbereitungsgeräten eingestellt und zurück ins Stammwerk verlegt.

Verschlankungen auf allen Ebenen bedeutete auch, dass im Management ein Beitrag geleistet werden musste. Hier traf es sich gut, dass John Stacey sowieso mit dem Gedanken spielte, wegen der Belastung durch seine umfangreiche Reisetätigkeit in der Betreuung der ausländischen Tochtergesellschaften und deren Kunden sowie des Bedeutungsverlustes der englischen Tochtergesellschaft in den Ruhestand zu gehen. So verließ Ende 2009 nach mehr als zehn Jahren ein Vorstand das Unternehmen, der das internationale Geschäft in ganz erheblicher Weise geprägt hatte und für viele zum Freund geworden war.

Um das Unglück dieser dramatischen Zeit perfekt zu machen, gewann Baldwin im April des Jahres 2009 auch noch die 2. Instanz der Nichtigkeitsklage vor dem Bundesgerichtshof. Ein Satz von Dieter Hildebrandt gewährte vielen technotrans-Technikern in Kenntnis des überaus schwachen dem Urteil zugrunde liegenden Gutachtens nur wenig Trost: „Es hilft nichts, das Recht auf seiner Seite zu haben. Man muss auch mit der Justiz rechnen." Noch heute sind viele im Unternehmen der Meinung, dass nicht nur die von den Gerichten beauftragten Gutachter technisch unhaltbare Behauptungen aufstellten, sondern dass sich auch die verschiedenen, teils äußerst renommierten Anwälte des Unternehmens, nicht gerade mit Ruhm bekleckert hatten.

Wenige Monate später verhandelte der in solchen Dingen geschickt und weniger emotional als sein Vorgänger agierende Brickenkamp mit dem damaligen Geschäftsführer Karl Pühringer von Baldwin Deutschland als Kläger einen außergerichtlichen Vergleich, der die technotrans AG um 6,5 Mio. Euro ärmer machte, die Anwaltskosten von rund 500.000 Euro nicht einmal eingerechnet. Diese stolze Summe schwächte technotrans zusätzlich in schwerer Zeit und verschaffte dem ebenfalls arg gebeutelten Wettbewerber noch ein wenig Luft. Luft, die ihm aber am Ende des Tages auch nicht mehr half.[117]

---

117 Wenige Jahre später wurde die ebenfalls stark umsatzreduzierte Baldwin von einer amerikanischen Investmentfirma Forsyhte Capital übernommen, übrigens weit unter dem Preis, den technotrans einmal für das Unternehmen geboten hatte.

Dies alles führte dazu, dass ein überaus gesundes und erfolgreiches Unternehmen, ausgestattet mit erheblichen Rücklagen, innerhalb von 18 Monaten massiv in die Verlustzone und damit in Sichtweite einer Katastrophe geriet, einer Katastrophe, die leider nicht alle im Unternehmen in voller Ausprägung erkannten, was man bei der Komplexität der Problematik dem Einzelnen auch nicht unbedingt verübeln konnte.

Die gesamte Tragweite dieser Krise wird wohl am besten mit ein paar schlichten Zahlen deutlich: Betrug der Umsatz im Jahre 2007 noch 152 Mio. Euro, so konnte das Jahr 2009 nur noch mit 82 Mio. Euro abgeschlossen werden. Diese beinahe Halbierung des Umsatzes hatte trotz aller eingeleiteten Maßnahmen zur Folge, dass das Jahresergebnis auf einen zweistellig negativen Wert absackte und das, wo man seit 26 Jahren ausschließlich erfreulich positive Ergebnisse gekannt hatte. Ein tief greifender Schock für technotrans und eine existenzielle Herausforderung für jedes Unternehmen. Heute ist nur noch den wenigsten klar, dass sich damals mit den Grundrechenarten recht einfach feststellen ließ, in wie vielen Monaten, selbst bei der noch vorhandenen sehr ordentlicher Kapitalausstattung, ein schwerer Gang zum Amtsgericht anstehen würde. So aber konnte das Jahresergebnis bereits 2010 mit den geschilderten enormen Anstrengungen wieder in den leicht positiven Bereich gehoben werden.

Auch der größte technotrans-Kunde, die Heidelberger Druckmaschinen AG, erlebte zahlreiche, leider zu spät eingeleitete Entlassungswellen und musste später mit einer Bürgschaft des Landes Baden-Württemberg über Wasser gehalten werden. Noch schlechter traf es die manroland AG, immerhin der damals zweitgrößte Kunde der technotrans AG. Der Vorstandsvorsitzende Hakan Samuelsson[118] legte 2009 genervt von der fehlenden Kooperati-

---

118 Hakan Samuelsson wurde danach CEO der Volvo Car Corporation, die heute zum chinesischen Geely-Konzern gehört.

Die Prüfhalle im Werk 2 in Sassenberg

onsbereitschaft des Betriebsrates bzw. der Gewerkschaften bei den
ohne Zweifel notwendigen Personalanpassungen sein Amt nieder.
Der einzige der großen drei deutschen Druckmaschinenhersteller,
der sich in dieser Krise den Umständen entsprechend gut behaup-
ten konnte, war die Fa. Koenig & Bauer AG, Würzburg, ausgerechnet der älteste Druckmaschinenhersteller der Welt. Wenn man
erst einmal fast 250 Jahre alt ist, dann ist auch ein Sturm womöglich nur ein aufgeregtes Lüftchen. Dort reagierte man jedenfalls
verhältnismäßig schnell und durchgreifend und konnte schon wenige Jahre später wieder ein ausgeglichenes Ergebnis zeigen.

Das Umschwenken des technotrans-Managements vom Austreten von Flächenbränden zurück zu einer geordneten neuen Strategie des Unternehmens geriet zu einer Herkulesaufgabe. Der Begriff „Flughöhe" machte damals in vielen Diskussionen die Runde
und ist noch heute ein feststehender Begriff in vielen Beratungen
zwischen Vorstand und Aufsichtsrat: Ein Unternehmen braucht
Flughöhe, sprich finanzielle Rücklagen und eine belastbare Bilanz.
Damit kann es sich im Krisenfall, wie ein Flugzeug beim Ausfall
der Motoren, noch einen sicheren Landeplatz suchen. Ohne diese

174

in den Vorjahren erarbeitete Flughöhe hätte technotrans diese Krise nicht überstehen können. Wer konnte damals auch garantierten, dass der nächste Sturm nicht schon am Horizont lauern würde. Diese Flughöhe wieder zu erarbeiten, würde eine der vielen Aufgaben der nächsten Jahre werden müssen.

Die Aktie des Unternehmens notierte, welch Wunder, ebenfalls „im Keller". Investoren machten wegen der miserablen Performance der Druckmaschinenhersteller einen denkbar weiten Bogen um diese Branche. Wieder einmal ein absoluter Tiefpunkt der Firma, der sich wie kaum ein zweiter tief in die DNA des Unternehmens einprägen sollte. Nie wieder würde man sich derart ausschließlich von einer Branche abhängig machen, seien deren Chancen auch noch so reizvoll.

An dieser Stelle mag es spannend sein, einen Vergleich zu den Anfangsjahren des Unternehmens zu ziehen. Zu Beginn der 1980er-Jahre hatte man mit Nachdruck versucht, den „Gemischtwarenladen" aus unterschiedlichen Produkten und unterschiedlichen Märkten zu bereinigen, fokussierte Produktlinien in einem fokussierten Markt aufzubauen. Dieser Job war nun tendenziell sogar übererfüllt, mit allen Vor- und Nachteilen. Man beherrschte den weltweiten Markt in diesem Segment, aber dieser immer schwächer werdende Markt beherrschte auch das Unternehmen. In Zukunft sollte genau das nie wieder passieren. Neue Märkte sollten her und der alte sollte natürlich beibehalten werden – so schwierig er sich auch gab.

Es war klar, dass ein schneller Markteintritt nicht von heute auf morgen aus eigener Kraft möglich war. Interessante Felder mussten gefunden werden, die technologisch und von der Größenordnung zu technotrans passten. Eine echte Herausforderung für den neuen und noch jungen Vorstand um Henry Brickenkamp, die er aber in den nächsten Jahren erfolgreich erfüllen sollte. Schon während der ersten zwei Jahre seiner Amtszeit wurden neben dem immer noch notwendigen Austreten von kleineren Flächenbränden erste Keimzellen gelegt, die die Zukunft des Unternehmens maßgeblich bestimmen sollten.

Als ersten Schritt initiierte der Vorstand die Gründung von ttis – technotrans industrial solutions. Unter dieser Überschrift wurden alle neuen Aktivitäten zusammengefasst, die sich mit Geschäftsfeldern außerhalb der Druckindustrie beschäftigen. In einem deutlich von der Serienfertigung für Großkunden geprägten Unternehmen mit einem dementsprechenden ausgefeilten, aber auch hier und da hemmenden komplexen Organisationsgrad sicher kein leichtes Unterfangen.

Ein erster schöner Erfolg in diesem Geschäftsbereich konnte interessanterweise mit einer neuen Geräteserie namens toolsmart eingefahren werden. Es handelt sich hierbei um ein Aufbereitungsgerät für das Kühlschmiermittel an Werkzeugmaschinen. Den ersten Rahmenvertrag dieses Bereiches unterzeichnete DMG-Mori[119], einer der potentesten Kunden dieses Technologiebereiches.

Die Einrichtung von Business Units entlang alter und neuer Kernkompetenzfelder sollte der nächste Schritt sein. Der klare Auftrag dabei hieß, dass diese neuen Kompetenzfelder alle außerhalb der Druckindustrie liegen sollten. Seit vielen Jahren war es der Grundsatz geworden, dass sich technotrans auf Nischenmärkte konzentriert. Diese sollten stets eine Größe haben, die Weltmarktanteile von 50 Prozent erreichbar erscheinen ließen. Ohne Zweifel war auch die jahrzehntelang gelebte symbiotische Beziehung mit anspruchsvollen Industriekunden ein Asset, das es zu pflegen galt und das OEM-Kunden anderer Märkte zu schätzen wissen würden.

Wieder galt auch bei diesen Markteintritten in neue Gefilde die Devise, dass eine Abwägung von Eigenentwicklung und/oder Akquisition eines Unternehmens stattfinden sollte. Letzteres würde für einige Jahre dominieren müssen, wenn es schnell gehen sollte. Glücklicherweise stand in dieser Phase des Unternehmens mit Henry Brickenkamp ein Vorstandssprecher dem Unternehmen vor, dessen Augenmaß und Geschick bei Akquisitionen in der Regel ausge-

---

119 DMG-Mori Aktiengesellschaft ist ein weltweit führender Hersteller spanender Werkzeugmaschinen. Das Unternehmen geht aus der deutschen Gildemeister AG und der japanischen Mori Seiki Gruppe hervor.

prägt war. Nicht nur die Identifikation geeigneter Targets würde in den nächsten Jahren die Hauptarbeit des Vorstands werden, sondern auch deren nachfolgende, möglichst perfekte Integration.

In verschiedenen intensiven Diskussionen zwischen dem Vorstand und Aufsichtsrat wurde diese Strategie für die nächsten Jahre verabschiedet. Natürlich musste sich auch der Aufsichtsrat verändern. Da Manfred Bender, im Hauptamt Vorstand der Pfeiffer Vakuum AG, selbst vor einer großen Akquisition stand, bot sich hier ein Wechsel an. Mit Helmut Ruwisch konnte 2010 der ehemalige Vorstandsvorsitzende der Indus AG gewonnen werden, ein ausgewiesener Fachmann für Akquisitionen unterschiedlichster Prägung. Er zog zur Hauptversammlung des Jahres 2011 in das Gremium ein. Mit ihm sollte die technotrans ein wenig wie die erheblich größere Indus Holding AG[120] werden, nur mit einer wesentlich intensiveren technologischen Klammer und unter Nutzung von deutlich vielfältigeren Synergien zwischen den einzelnen Unternehmensbereichen – also alles andere als einer Holding.

---

120 Der Umsatz der Indus Holding AG betrug in diesen Tagen bereits deutlich über 1 Milliarde und liegt heute bei 1,7 Milliarden. Indus hält Beteiligungen an ca. 40 Industrieunternehmen unterschiedlichster Prägung.

11. Kapitel
Wege zu neuen Ufern
Neue Märkte im Fokus
2011-2016

„Management heißt, Ziele zu erreichen;
Führung bedeutet, Ziele zu setzen."
Hans-Jürgen Quadbeck-Seeger
(*1939)

Regalmeter von intelligenten Büchern sind über das Thema „Unternehmensübernahmen" geschrieben worden. Leider nur zu oft von Leuten, die ihr Geld als Berater verdienen, statt mit praktischer, selbst verantworteter Akquisitionsarbeit. Prägen doch zunächst die Aussichten auf die Gewinnung erstklassigen Know-hows, fulminante Synergiepotenziale und schönste Wachstumsperspektiven den euphorisierten Blick des Übernehmers. Die Niederungen der Ebene hingegen kommen meist dann, wenn die Tinte unter dem Vertrag schon trocken ist. Erst die menschen- und sachgerechte Integration macht das Ganze nämlich zum Erfolg – oder auch nicht.

Es ist schon mehrfach im vorliegenden Buch von Akquisitionen die Rede gewesen, Zukäufe, die kurz mit dem Wort „geschahen" umschrieben wurden und auf deren Hintergründe nur wenig eingegangen wurde. Das soll an dieser Stelle einmal nachgeholt werden, denn ein Zukauf ist alles andere als eine leichte Übung:

War es in den früheren Jahren eine Expansion im eng umrissenen Industriebereich Druck, einem Bereich, in dem jeder jeden kannte und wo der persönliche Kontakt zu den Inhabern und die Branchenkenntnis die Hauptfaktoren eines erfolgreichen Zukaufs bildeten, so würde sich das in den Folgejahren ändern. Zunächst einmal mussten Märkte definiert werden, die für das Kompetenzprofil einer technotrans geeignet waren. Flüssigkeitstechnologie, Kühlen und Temperieren als Kernkompetenzen standen fest. Auch die Marktgröße selbst und die Chance, in diesen eine führende Rolle spielen zu können, müsste zum Unternehmen und seinen Ressourcen passen. Und am Ende des Tages musste überhaupt erst mal ein Unternehmen gefunden werden, dessen Inhaber auch bereit war, dieses zu veräußern. Alles in allem also kein triviales Unterfangen.

Aus Gründen der Vertraulichkeit und des Schutzes der Persönlichkeitsrechte der Alteigentümer wird verständlicherweise hier zu
den Hintergründen der verschiedenen Akquisitionen keine Aussage gemacht. Lediglich die Intention von technotrans in diesen Verhandlungen wurde und wird immer klar kommuniziert und öffne-
te bei manchen verantwortlich denkenden Inhabern damals und
auch in Zukunft die Türen: technotrans ist ein rein strategischer
Investor, der Unternehmen kauft, um sie zu entwickeln. Weder
handelt es mit Firmen, noch kauft technotrans Unternehmen, um
sie vom Markt zu nehmen. Und Mondpreise zahlt es auch nicht.
Ein Grund, warum sich technotrans aus preistreibenden Bieterver-
fahren nur zu gern heraushält.

Die Marktevaluierung selbst begleiten neben dem Vorstand
und Aufsichtsrat in einigen Fällen M&A[121]-Berater, im späteren
eigentlichen Prozess, insbesondere der üblichen Due Diligence
natürlich auch Anwälte, Wirtschaftsprüfer und Steuerberater. Ein
arbeits- und zeitintensiver Prozess, den zu beschreiben Umfang
und Ziel dieses Buches sprengen würde. Nur so viel: Manche
Übernahmen funktionieren und manche nicht. Manche scheitern
schon während der Verhandlung und glücklicherweise bei technotrans nur sehr wenige hinterher.

Erwähnenswert ist auch, dass einzelne Vorschläge des Vorstands
zum Erwerb von Unternehmen in der Vergangenheit wie auch im
weiteren Verlauf der Geschichte vom Aufsichtsrat in Abwägung
der Chancen und Risiken abgelehnt wurden. Mangelnde technologische Kompetenzen bzw. herausragende Alleinstellungsmerkmale des Zielunternehmens, unzureichende Managementkapazitäten
zur Bewältigung der Integrationsaufgabe auf beiden Seiten oder
ein nicht adäquater Kaufpreis seien hier nur beispielhaft erwähnt.

Teilweise beruhend auf Erfahrungen der Vergangenheit sei erwähnt, dass eine sich nicht unbedingt sofort erschließende Feststellung immer wieder gemacht wurde und Vorsicht bei neuen
Akquisitionen walten ließ: Es macht meist wenig Sinn, sehr kleine

---

121 Mergers & Acquisitions

Unternehmen zu übernehmen, wenn sie nicht gerade herausragendes Know-how zu bieten haben. Ihnen fehlen in der Regel die Organisationsstrukturen, die eine schnelle und erfolgreiche Integration in ein größeres Unternehmen erst möglich machen. Zudem sind solche Firmen oft auf wenige Personen zugeschnitten, die nicht unbedingt den Wechsel in ein großes Industrieunternehmen mittragen können oder wollen. Oft fehlt das Verständnis für die notwenigen Strukturen eines professionellen Industriebetriebes und sie sind es nicht gewöhnt, in diesen zu arbeiten.

Eine Besonderheit zeichnete die Akquisitionen der nächsten Jahre aus: In der Vergangenheit waren die übernommenen Unternehmen immer zügig und nahezu vollständig integriert worden. Dies ging bis zu einer Umbenennung in technotrans und der vollständigen Überführung in die technotrans-Corporate-Identity. In der vergleichsweise engen Branche der Druckindustrie machte das auch allen Sinn, da sich alle Player untereinander bestens kannten und technotrans nach jeder Akquisition als größere und stärkere Einheit wahrgenommen werden konnte. Beim Eintritt in neue Märkte, würde das gegebenenfalls weniger sinnvoll sein, da es sich bei diesen Firmen oft um eingeführte Namen oder Marken handeln würde und technotrans in diesen Branchen zunächst noch keine große Bekanntheit besaß. Gleichwohl sollte ein Zusammengehören zum technotrans-Konzern erkennbar werden und eine sehr vorsichtige Annäherung an die technotrans-Corporate-Identity würde auch stattfinden.

Zu Beginn des Jahres 2011 konnte als erster großer Schritt die termotek AG in Baden-Baden übernommen werden. Damit erschloss sich das Unternehmen einen interessanten Wachstumsmarkt im Bereich der Laseranwendungen. Laserquellen unterschiedlichster Größe und Ausprägung benötigen nicht nur eine Kühlung, sondern auch eine sehr konstante Temperatur, um im optimalen Spektralbereich arbeiten zu können. Die termotek hatte sich in den letzten Jahren sehr erfolgreich im Bereich der kleinen und mittleren Laseranwendungen einen Namen gemacht. Hier sind in erster Linie Anwendungen in der Labor- und Medizintechnik und im Bereich von Scannern zu nennen. Alles in allem eine perfekte technologische Ergänzung in einem für technotrans neuen Markt.

Hier wurde übrigens nach dem Weggang des Altgesellschafters mit Peter Hirsch ein junger Ingenieur aus der Muttergesellschaft mit der Geschäftsführung betraut, der später noch weitere Karriere im Unternehmen machen sollte. Speziell dieses Unternehmen würde sich in den nächsten Jahren zu einer wahren Perle im Kreise der technotrans-Gesellschaften entwickeln.

Am Rande erwähnt sei an dieser Stelle noch ein letzter Tiefschlag aus dem Bereich Druckindustrie in diesem Jahr. Die Insolvenz der manroland AG bescherte technotrans noch einmal eine stattliche Buchung auf das Konto „uneinbringliche Forderungen". manroland wurde zerschlagen und an zwei verschiedene Investoren[122] verkauft und würde in den nächsten Jahren nur noch ein Schatten seiner selbst sein.

Natürlich muss der langsam breiter werdenden Aufstellung des Unternehmens auch im Vorstand Rechnung getragen werden. 2013 trat Dr. Christof Soest, vormals technischer Leiter der Fa. Becker, Wuppertal, einem führenden Hersteller von Kompressoren, sein Amt als Technikvorstand oder wie es so schön heißt CTO[123] an.

In seine beginnende und bereits 2017 wieder endende Amtszeit fiel unter anderem die Akquisition der KLH, Bad Doberan. Galt doch nach wie vor Marktabdeckung das Ziel, fehlten im Portfolio der Laseranwendungen Anlagen zur Versorgung von Großlasern wie z. B. der Fa. Trumpf. Auch dieses Unternehmen im Osten der Republik konnte integriert werden und trägt nach wie vor zur Abrundung des Programms in diesem Industriebereich bei. Mit dieser Akquisition gab es kaum einen Bereich der Laseranwendungen, den technotrans nicht abdecken konnte, wenn es auch die immer angestrebte weltweite Marktführerschaft noch zu erreichen

---

122 Unter anderem wurde das Werk Augsburg an die Possehl-Gruppe aus Lübeck verkauft, der britische Unternehmer Tony Langley übernahm die Bogenoffset-Aktivitäten in Offenbach.

123 Chief Technology Officer

gilt. Ein besonders positiver Effekt dieser Akquisition ergab sich in der Möglichkeit, die chinesische Produktion der technotrans mit der schon existierenden der KLH in Taicang im Süden Chinas zusammenzulegen.

technotrans group (taichang) co., ltd, China

Später wurden in Bad Doberan komplexe Kühlgeräte für neue bahnbrechende Lithografiesysteme[124] der Halbleiterindustrie entwickelt, die aufgrund des verwendeten UV-Lasers eine wesentlich höhere Packungsdichte bei der Herstellung von Mikrochips ermöglichten und damit das Mooresche Gesetz[125] in die weitere Zukunft ausdehnen helfen.

Auch die Aktivitäten des Geschäftsbereiches ttis zeigten in diesen Tagen erste Erfolge. Der aufkommende Trend zur Elektromobilität wurde gleich mit mehreren Produkten adressiert: Erste

124 Es handelt sich hier um Geräte für die niederländische, heute börsennotierte Firma ASML, welche diese komplexen Anlagen gemeinsam mit der Fa. Carl Zeiss entwickelte.

125 Das Gesetz im Sinne von Gesetzmäßigkeit besagt, dass sich die Komplexität integrierter Schaltkriese mit minimalen Komponentenkosten regelmäßig verdoppelt; je nach Quelle werden 12, 18 oder 24 Monate als Zeitraum genannt.

Geräte und Anlagen zur Kühlung von Ladesäulen der neu aufzu-
bauenden Ladeinfrastruktur wurden entwickelt. Hierbei ging es
speziell um die Kühlung der Gleichrichter und später auch um die
Kühlung der Ladekabel. Diverse Formen der Kühlung von Lithi-
um-Ionen-Batterien für Schienen- und Nutz- und Sonderfahrzeuge
zeigten erste Erfolge im Markt und erweiterten den Kundenkreis
um namhafte Hersteller von Batterien und Fahrzeugen.

Sogar Elemente der in der Druckindustrie nach wie vor aber
immer seltener eingesetzten Sprühfeuchtwerke konnten genutzt
werden, um im Bereich der Blechverarbeitung eine exakte, sprüh-
nebelfreie und damit gesundheitlich unbedenkliche Beölung von
Blechen zu ermöglichen. Insgesamt ein bunter Strauß von Produkten, der Interessantes für die Zukunft erwarten ließ.

Um ordentlicher Chronistenpflicht Genüge zu tun, muss an dieser Stelle leider vom Tod von Franz Böhnensieker am 22. August
2015 berichtet werden. Er starb, von vielen unbemerkt, an seinem
letzten Wohnsitz in der Schweiz, welchen er sich mit seiner dritten Frau in seinen letzten Lebensjahren zugelegt hatte. Er hatte
nach seinem Ausscheiden aus dem Unternehmen dieses auf eigenen Wunsch nie mehr betreten und auch sonst keinen Kontakt zu
den handelnden Personen gesucht. Ein Umstand, den viele wegen
seiner unbestreitbaren Verdienste in den durchaus schweren Anfangsjahren bedauerten.

Die Entscheidung im Herbst 2016, die gwk in Meinerzhagen zu
übernehmen, bedeutete für das Unternehmen einen sehr großen
Schritt. Nicht nur, dass dies das bisher größte erworbene Unternehmen darstellte, es war auch mit Abstand das teuerste! Gleichzeitig eröffnete es aber auch die Chance, einen komplett neuen
Industriebereich mit anspruchsvoller Kühl- und Temperiertechnik
zu bedienen, Technik, die sehr nah am Kompetenzfeld der technotrans liegt und die damit ein hohes Synergiepotenzial eröffnet. Die
gwk beschäftigt sich mit der Herstellung von einer großen Palette
von Kühl- und Temperierlösungen, vornehmlich für die Kunst-

stoff-Spitzgussindustrie, aber auch in den Bereichen Extrusions- und Blasfolientechnologie. Ein Ansatz in dieser Richtung geschah zwar, wie im Vorangegangenen geschildert, schon einmal etwas halbherzig, wurde aber, wie geschildert, nicht mit ausreichender Intensität weiterverfolgt.

Übernahme der gwk, Meinerzhagen,
v. l. n. r.: Dr. Michael Zaun, Dirk Engel, Patrick Zeppenfeld, Dr. Christof Soest, Henry Brickenkamp, Helmut Gries

Etwas ungewöhnlich verlief der Prozess der Due Dilligence in diesem Fall: In einem Kölner Büro warteten seinerzeit zahllose, alle wichtigen Geschäftsprozesse wiedergebende Ordner des zum Kauf stehenden Unternehmens auf eine gewissenhafte Prüfung. Doch nicht nur das. Es wartete auch ein Herr im selben Raum, den niemand vom technotrans-Team kannte und der die gesamte Zeit, wir sprechen hier über mehrere Tage, ebenfalls in diesem Raum verblieb, ohne erkennbare Ansätze von Konversation zuzulassen oder sich gar formvollendet vorzustellen. Erst nach der erfolgten Übernahme stellte sich heraus, dass es sich um den Personalleiter der gwk gehandelt hatte, der vom damaligen Eigentümer mit der Aufgabe betraut worden war, das prüfende Team der technotrans ganz genau zu überwachen und der diesen Job pflichtgemäß sehr ernst nahm.

Die Integration dieses Unternehmens verlief dank des erheblichen Einsatzes der Mitarbeiter und der Leitenden beider Unternehmen auf allen Ebenen deutlich besser als erwartet und schon ein Jahr später zählte das in den letzten Jahren ausgesprochen ertragsschwache Unternehmen mit solider Umsatzsteigerung und ordentlichem Ergebnis zu den starken Töchtern der technotrans AG. Das sollte aber leider, zumindest übergangsweise, nicht so bleiben.

12. Kapitel
Die Zukunft im Blick
Neue Leitung, Fitnesskur und ein neuer Sinn
(2017-2020)

„Fest und stark ist nur der Baum, der unablässig den Winden ausgesetzt war, denn im Kampf festigen sich seine Wurzeln.“
Lucius Seneca
(4 v. Chr. - 65 n. Chr.)

Ab und zu macht es Sinn, besonders auf langen und kurvenreichen Wegen, einmal innezuhalten und zurückzublicken. Was lief gut? Was lief schlecht? Wo muss nachjustiert werden? Jedes Unternehmen sollte sich dieses Innehalten gönnen, um zu ergründen, ob es richtig positioniert ist. Stimmen die Ziele, die man sich gesteckt hat? Fragen, die manchmal sogar zum gewählten Sinn der Firma selbst führen. Ist dieser Sinn noch der richtige oder muss auch er adjustiert werden – und damit auch manchmal die daraus resultierenden Ziele?

Zwei wichtige Entscheidungen wurden im Jahre 2017 getroffen. Zum einen sollte die ERP Software in alle signifikanten, auf jeden Fall in allen produzierenden Tochtergesellschaften ausgerollt werden, um eine bessere Integration zu gewährleisten. Wegen der recht stattlichen Summe von insgesamt 20 Tochtergesellschaften weltweit, von denen acht für diesen Prozess infrage kamen, machte auch hier ein geordneter Prozess Sinn. Ein kompetentes Team der Muttergesellschaft arbeitete nacheinander die verschiedenen, zunächst noch kleinen Standorte ab und führte stellenweise in beeindruckender Geschwindigkeit die Standardsoftware des Hauses vor Ort ein. Leider sollte das nicht immer klappen, wovon im weiteren Verlauf noch berichtet werden wird. Dieser unternehmensweite Prozess ist natürlich auch zum Zeitpunkt des Erscheinens dieses Buches noch nicht vollständig abgeschlossen.

Ferner wurde entschieden, die Unternehmensform AG in eine SE[126] umzuwandeln. Hintergrund dieser Entscheidung war zunächst das Bestreben, dem internationalen Erscheinungsbild des Unternehmens Rechnung zu tragen, wie es auch viele andere Ak-

---

126 SE steht für Societas Europaea, Europäische Aktiengesellschaft.

tiengesellschaften in Deutschland bereits getan hatten oder es zumindest planen. Vorteile bei der Integration europäischer Tochtergesellschaften, ein Festlegen der Gremienstärke auch zukünftiger Aufsichtsräte auf ein pragmatisches, sprich bescheidenes Maß und ein Moratorium des speziell bei Investoren ungern gesehenen und nur in Deutschland praktizierten Mitbestimmungsmodells, waren die vorrangigen Gründe. Der formal recht aufwendige Prozess konnte im Sommer 2018 abgeschlossen werden.

Die Integration der gwk in Meinerzhagen bereitete in diesen Tagen zwar noch eine Menge Arbeit, aber auch große Freude. Nicht nur, dass sich herausstellte, dass dieses Unternehmen auf der technischen Seite ein sogenannter „perfekt fit" war, man konnte quasi fast mit den Händen greifen, dass auch die Kulturen der Unternehmen zusammenpassten. Ganz besonderen Anteil an dieser Integration hatten sicher deren Geschäftsführer Helmut Gries und Dr. Michael Zaun, die mit viel Energie diese anspruchsvolle Arbeit zusammen mit dem Integrationsteam der Muttergesellschaft vorantrieben.

Eine typische Hauptversammlung dieser Tage in der Halle Münsterland

Leider trennen sich immer mal die Wege von Mitarbeitern und Firma aus unterschiedlichsten Gründen. Besondere Einschnitte bedeutet es, wenn Manager das Unternehmen verlassen. Ende 2017 verließ Dr. Christof Soest die technotrans AG und Mitte 2018 ebenfalls Vorstandssprecher Henry Brickenkamp.

Speziell seinem scheidenden Vorstandssprecher zeigte sich das Unternehmen zu großem Dank verpflichtet. Er half an entscheidender Stelle mit, das Unternehmen, nach der tiefen Wirtschafts- und Branchenkrise in den Jahren 2008 bis 2010 in ein wesentlich breiter aufgestelltes Unternehmen zu transformieren. Mit Ende des Geschäftsjahres 2016 konnte der Umsatz des Vorkrisenniveaus wieder erreicht werden. Besonders bemerkenswert war, dass zum Ende des Geschäftsjahres 2018 der Umsatzanteil der Druckindustrie nur noch ca. 35 Prozent des Gesamtumsatzes ausmachte – und dass, ohne in diesem Industriebereich Marktanteile zu verlieren. Ein augenfälliges Indiz für die gelungene Transformation.

Nach mehr als 10 Jahren an der Spitze eines Unternehmens hat jeder Manager schlichtweg das Recht, zu schauen, ob seine Aufgabe im Unternehmen noch immer der jeweiligen Lebensplanung entspricht. Erfolgreiche Akquisitionen der vergangenen Jahre hatten in Brickenkamp den Wunsch geweckt, sich in Zukunft ganz dem M&A-Geschäft zu widmen, einem Geschäft, das nicht gerade dem Kerngeschäft der technotrans entsprach.

Gleichzeitig birgt jeder Personalwechsel gerade an der Spitze eines Unternehmens natürlich auch Chancen. Nach vielen Jahren sind zahlreiche Ideen abgearbeitet und viele Dinge haben sich eingeschliffen, die es wert sind, neu überdacht zu werden. Auch war die anstehende sachgerechte und effiziente Integration der übernommenen Firmen in den Konzern eine ganz andere, bisher etwas zu kurz gekommene Aufgabe, die es nun zu lösen galt. Zudem geriet der Fokus Technologieführerschaft in einigen Bereichen etwas aus dem Blick, was sicher bei der Summe der Aufgaben der vergangenen Dekade verzeihlich ist, aber gleichwohl keinesfalls hingenommen werden konnte.

Dennoch bedeutet jeder Wechsel nicht nur Chancen, sondern ebenfalls Risiken. So kam es auch hier leider zunächst zu einer Fehlbesetzung, die der Aufsichtsrat schon wenige Wochen nach der Bestellung aus wichtigen Gründen widerrufen musste. Dabei gilt wie bei allen unternehmerischen Entscheidungen: Wenn etwas nicht passt, muss schnell und durchgreifend reagiert werden – auch wenn es im Augenblick zu erheblichen Irritationen führt.

Zunächst konnte neben dem seit vielen Jahren sehr erfolgreich agierendem Finanzvorstand Dirk Engel zum Jahresbeginn 2018 mit Hendirk Niestert ein Chief Sales Officer bestellt werden, wie Engel ein „Eigengewächs" des Unternehmens. Dieser Schritt trug zum einen seinen bisherigen Leistungen als internationaler Servicemanager Rechnung und sorgte zum anderen gleichzeitig für Kontinuität in der Führung des Unternehmens, ein Umstand, der in einem technologieorientierten Unternehmen im OEM-Geschäft unabdingbar ist. Schließlich wollen die stellenweise seit Jahrzehnten treuen Kunden nicht ewig neue Gesichter sehen oder gar Lernkurven von Newcomern aushalten müssen.

Im März 2018 wurde dann Dirk Engel zum neuen Sprecher des Vorstands berufen. Engel wurde 1967 als jüngstes von drei Kindern – wie es sich für ein echtes Kind des Münsterlands gehört – in Münster geboren. Sein Vater, von Beruf Jurist, gehörte zur Geschäftsführung der dortigen IHK, womit sich eine gewisse familiäre Prägung sicher auf den Sohn übertrug. Nach einer Ausbildung zum Bankkaufmann und einem BWL-Studium, sammelte er erste Erfahrungen als Assistent des Vorstands bei der VGT Industrie AG in Kassel und wurde dort später Leiter des Rechnungswesens. Es folgten ein paar weitere Jahre im zentralen Controlling des Gildemeister-Konzerns, dann begann schon im Jahre 2004 seine Laufbahn bei technotrans, wo er im August 2006 zum Finanzvorstand berufen wurde.

Diese Berufung wird Engel sicher zu diesem Zeitpunkt noch mit etwas gemischten Gefühlen aufgenommen haben, da sich das Verhältnis seines damaligen Vorstandsvorsitzenden zu Finanzvorständen generell als etwas angespannt herausgestellt hatte. Zwei seiner Vorgänger erschienen, wie schon einmal erwähnt, schon nach einer kurzen Amtszeit bzw. sogar innerhalb derselben nicht mehr auf den Briefbögen.

Ganz anders bei Engel. Er erwarb sich durch den in diesem Amt gewonnenen reichen Schatz an Erfahrungen in guten und schlechten Zeiten eine Reputation, die ihn jetzt ohne Zweifel für das Amt des Vorstandsprechers qualifizierte.

Mitte 2018 erfolgte die Übernahme der Fa. Reisner in Dortmund, ein auf Großkältemaschinen und Anlagen der Tiefkälte spezialisiertes Unternehmen, welches das Produktportfolio des Konzerns optimal ergänzte. Erstmals entschied man hier, ausgewählte Assets eines Unternehmens aus einer Insolvenz zu erwerben. Noch dazu konnte im Gegensatz zu den bisherigen Firmenkäufen nicht auf ein bestehendes Management zurückgegriffen werden. Eigentlich gleich zwei solide Todsünden bei einer Firmenübernahme, da es nun galt, ein de facto ruiniertes Unternehmen komplett neu aufzubauen. Jedoch durfte bereits nach gut einem Jahr mit Freude festgestellt werden, dass es durch die Treue bestehender Kunden und das Engagement neuer und übernommener Mitarbeiter in neuem Glanz erstrahlte. Die unter Reisner Cooling Solution firmende Gesellschaft bereitet heute, zum Redaktionsschluss dieses Buches, weiterhin große Freude und wird bald auch in ein neues, modernes und firmeneigenes Firmengebäude am gleichen Standort umziehen. Die nahezu reibungslose Integration der Firmensoftware SAP in dieses Unternehmen leistete allerdings auch einem wohl etwas übersteigerten Selbstvertrauen des mit dieser Aufgabe betrauten Teams in der Muttergesellschaft Vorschub, welches sich noch bitter rächen sollte.

Wenige Monate später wurde der inzwischen seit mehreren Jahren sehr erfolgreich arbeitende Geschäftsführer der Tochtergesellschaft termotek, Baden-Baden, Peter Hirsch zum dritten Vorstand berufen und gelangte damit wieder an den Anfang seiner Karriere bei technotrans, die er dort im Jahre 2013 als Business Developement Manager gestartet hatte. Ein bemerkenswerter Zufall prägte seine Laufbahn: Er arbeitete vorher für die Fa. HIB[127] in Augsburg, einem Wettbewerber der termotek. Diese Firma wurde von einem

---

127 Die HIB Augsburg gehört zum HYDAC-Konzern.

ehemaligen Mitarbeiter, der in diesem Buch oftmals genannten Fa. Baldwin in Deutschland gegründet, welcher im Streit diese Firma verlassen hatte.

Als letzte große Herausforderung stellte sich Hirsch in Baden-Baden einem Neubau und Umzug seines Betriebes, der bisher in einem vom Vorbesitzer gemieteten Gebäude beherbergt war. Dieser Betrieb zeigte sich, angefangen von den modernen Büroräumen über seine durchdachten Fertigungsflächen bis hin zur umweltschonenden Energie- und Versorgungstechnik, geradezu als neuer Musterbetrieb der technotrans.

Das neue Firmengebäude der termotek GmbH in Baden-Baden

In Sassenberg begann Hirsch die Fertigung an allen Fertigungsstandorten unter die Lupe zu nehmen. Schon in seiner Zeit als Geschäftsführer der termotek hatte er mit der Einführung des Lean-Konzeptes[128] erhebliche Produktivitätsfortschritte erzielt. Hiervon sollten nun auch in den nächsten Jahren die anderen Standorte profitieren.

Zu Beginn des Jahres 2019 machten sich erste Anzeichen einer Abkühlung der Weltwirtschaft bemerkbar. Eine insgesamt ange-

---

128 Lean steht hier für besonders schlanke und effiziente Fertigungskonzepte.

spannte weltpolitische Lage, beeinflusst durch zahlreiche natio-
nalistische bzw. protektionistische Bestrebungen, ein mögliches
Auseinanderbrechen Europas und der Herausforderung eines
technisch und wirtschaftlich aufstrebenden Chinas forderten die
technotrans SE.

Zu allem Überfluss geriet die Umstellung des ERP-Systems bei
der gwk auf die immer unternehmensweiter eingesetzte SAP-Soft-
ware diesmal zu einem echten Desaster. Dass solche Softwareum-
stellungen in manch anderen namhaften Unternehmen ebenfalls
große Probleme verursachen, spendete den Beteiligten nur schwachen Trost. Über Wochen konnte kaum etwas ausgeliefert werden
und noch viele Monate später musste man die Auswirkungen bei
Umsatz und Ergebnis dieser größten Tochtergesellschaft des Konzerns beklagen. Das Engagement vieler Mitarbeiter in der Toch-
ter- und Muttergesellschaft und nicht zuletzt großes Verständnis
bei Lieferanten und besonders Kunden halfen auch dieses Problem zu bewältigen.

Wieder einmal musste ein Kostensenkungsprogramm auf allen
Ebenen dafür sorgen, dass die schwindende Ertragskraft des Unternehmens aufgeholt werden konnte, um dessen Stabilität zu sichern
und Schlimmeres zu verhindern. Wieder einmal wurden Produktlinien auf den Prüfstand gestellt, ob deren Verbleib im Portfolio
des Unternehmens auch in Zukunft sinnvoll oder gar tragbar sei.
Ein bereits in der Vergangenheit oft durchlebter und durchlittener
Prozess. Wäre ja auch zu schön, wenn sich die Konjunktur und ein
paar interne Probleme mal etwas zurückhaltend gezeigt hätten, um
ein bevorstehendes Firmenjubiläum zu würdigen.

Zum Zeitpunkt der Drucklegung dieses Buches, im Frühjahr
2020, könnte sich ferner die weltweite Verbreitung des Corona-
Virus zu einem „Schwarzen Schwan"[129] entwickeln, einem unvor-
hersehbaren Ereignis mit ganz erheblichen Auswirkungen, nicht

---

129 Der Begriff „Schwarzer Schwan" wurde vom Publizisten Nassim Nicholas Taleb in
einem erstmals 2001 erschienenem Buch geprägt und erläutert an zahlreichen Beispielen die Macht höchst unwahrscheinlicher Ereignisse mit extremen Konsequenzen.

194

nur auf die Wirtschaft, sondern auch für dieses Unternehmen. Hier bleibt die in der Vergangenheit immer wieder gewonnene Zuversicht, dass andere ebenfalls unvorhergesehene, aber positive Ereignisse auch große Chancen bieten werden. Sie zu erkennen und konsequent zu nutzen ist das schlichte Geheimnis.

In diesem Jahr wird mit Andreas Harig das letzte operativ tätige Mitglied des Management Buy Outs ausscheiden, nachdem sich bereits Ende 2019 der langjährige Serviceleiter Hubert Oberscheidt in den Ruhestand verabschiedete. Letzterer, ein ganz und gar unprätentiöser Charakter, der fast sein ganzes Berufsleben in den entferntesten Winkeln der Welt zu Hause war, bemerkte übrigens in seiner Abschiedsrede, auf seine zahlreichen Erfahrungen in China angesprochen, ganz lapidar, dass Hund auch nur irgendwie wie Kaninchen schmecke und frittierte Skorpione sogar richtig lecker wären. Meine frühere Erfahrung mit dieser landestypischen „Delikatesse" hatte mich veranlasst, zumindest bei den ersten fünf, den noch nach wie vor angsteinflößenden Stachel abzuschneiden. Das ließ mich in seinen, in den entlegensten Winkeln der Welt gestählten Augen immer ein wenig als Weichei dastehen.

Beide Personalien bedeuten wieder einen kleinen Schritt in eine neue Zeit. Auch wenn nach wie vor zahlreiche Mitglieder des Managements und Mitarbeiter Aktionäre sind, so entwickelt sich technotrans nun noch etwas mehr zu einem institutionalisierten Unternehmen. Mit allen Chancen und Gefahren. Solange aber alle Beschäftigten dieses Unternehmen wirklich als ihr Unternehmen begreifen, ein Unternehmen, in dem man sich nicht nur für sein persönliches Wohlergehen verantwortlich fühlt, sondern für alles, was es ausmacht – Mitarbeiter, Kunden, Lieferanten und ganz sicher auch Aktionäre – dann ist dessen prosperierende Zukunft gesichert.

Auch in den kommenden Jahren wird das Unternehmen ambitionierten Zielen folgen: Die quantitative und technologische Marktführerschaft im Bereich der Druckindustrie ist in den Bereichen Laser- und Kunststoff-Spritzgussindustrie zwar in Sicht, aber noch nicht erreicht. Das boomende Feld der Elektromobilität

Der Vorstand zu Beginn des Jahres 2020, v. l. n. r.: Hendirk Niestert, Dirk Engel, Peter Hirsch

bietet in den Bereichen Lade- und Batteriekühlung viele Chancen, auch hier eine Spitzenposition zu erreichen. Sonderanwendungen und besondere Dienstleistungselemente werden ebenfalls ihren Beitrag dazu leisten.

Das Geschäftsmodell der technotrans SE fußt nun schon seit Jahrzehnten nahezu ausschließlich auf Partnerschaften mit anspruchsvollen international aufgestellten Industriekunden unterschiedlichster Industriebereiche. Diese Partnerschaften sind immer langfristig angelegt und begründen eine vertrauensvolle und zukunftsgerichtete Zusammenarbeit auf beiden Seiten. technotrans versteht das Geschäft seines Kunden und übernimmt für einen Teil seines Leistungsspektrums die komplette Verantwortung. Nicht der Einzelauftrag steht im Fokus, sondern eine fortwährende seriell orientierte Lieferbeziehung mit anspruchsvollen Komponenten und Anlagen. Dass die meisten Endkunden das Unternehmen daher oft nicht kennen, ist nur zu leicht verschmerzbar.

Eigene Entwicklungen, operatives Wachstum, zielgerichtete Akquisitionen und eine unbedingte Verpflichtung zu Internationalität werden auch in Zukunft die Hauptelemente des Wachstums darstellen. Dies erleben die Kunden des Hauses durch eine technisch und marktseitig breite Aufstellung mit zahllosen Synergien zwischen den Technologien, Produktlinien und Unternehmensteilen. Eine wie immer motivierte, gut ausgebildete und kreative Mannschaft, die in respektvollem Miteinander sich diesen Zielen widmet, ist und bleibt dabei das Fundament.

Weitere Herausforderungen werden in den nächsten Jahren folgen, von denen hier nur beispielgebend ein paar genannt werden sollen: Die Digitalisierung erobert und verändert alle Lebens-, Wirtschafts- und Industriebereiche, soziale Medien verändern die Kommunikation mit und unter Mitarbeitern, Kunden, Lieferanten, Aktionären und dem gesamten anderen Umfeld des Unternehmens. Auch die Menschen selbst verändern sich. Eine neue Generation von Mitarbeitern/innen stellt die Work-Life-Balance wesentlich mehr in den Vordergrund als das in früheren Jahren der Fall war. Hieraus verändern sich Arbeitsmoral, Arbeitszeitmodelle und das generelle Miteinander. Die Kunden werden bedingt durch die technischen Möglichkeiten und den globalen Wettbewerb zurecht immer anspruchsvoller. Lieferketten verändern sich und tragen dazu bei, dass die Logistik einen immer größeren Stellenwert einnimmt.

Sogar das Selbstverständnis des Unternehmens an sich kann oder besser wird auch in Zukunft notwendigen Veränderungen unterliegen. Denken wir nur an den Begriff des „Purpose", besser beschrieben durch das englische Original „Overarching purpose"[130], der in den letzten Jahren immer häufiger in der Managementliteratur und den Wirtschaftsmeldungen auftaucht und der dieses neue

---

130 hier sinngemäß übersetzt: übergreifender Handlungsrahmen

Denken beschreibt: Unternehmen fokussieren ihr Tun auch auf einen höheren Sinn und integrieren damit gesellschaftliche Ziele in ihr Geschäftsmodell. Nicht nur was wir machen zählt, sondern auch das Warum. Ergo: Wer Leistung will, muss auch Sinn bieten. Erste Ansätze dazu lieferte dazu vor Jahren der Codex der Corporate Social Responsibility von Aktiengesellschaften, dem sich auch technotrans sofort mit Überzeugung verschrieb.

Hier bedarf der bisherige Nordstern[131] des Unternehmens intensiver Betrachtung. In den frühen Zeiten bedeutete „Mehr technotrans pro Druckmaschine" das allem übergeordnete offene Ziel des Unternehmens, welches technologische und wirtschaftliche Marktführerschaft implizierte. Nach der Krise der Druckindustrie vor etwa 10 Jahren musste dieses Ziel einer notwendigen Ausweitung auf andere Branchen, selbstverständlich mit weitestgehend bekannten Technologien, weichen. Die technologische und die wirtschaftliche Marktführerschaft gerieten dabei naturgemäß etwas aus dem Blick oder um es positiv zu formulieren: Hier gibt es noch einiges zu tun.

Dieser „Nordstern" beginnt jedoch inzwischen wieder mit Riesenschritten konkrete Form anzunehmen. Die Klimaerwärmung und der immer mehr an Bedeutung gewinnende Umweltschutz geben uns hier unzweifelhaft den Handlungsrahmen vor. In einer Vielzahl von technotrans-Produkten sind Kältemaschinen verbaut. Gerade Kältemaschinen bieten in Zukunft umfangreiche Möglichkeiten, immer umweltfreundlichere Geräte und Anlagen zu entwickeln. Der heute noch teilweise technisch notwenige Einsatz bedingt klimaschädlicher Kältemittel, weiter optimierbare Steuerungen und damit geringere Energieverbräuche bieten ein weites Feld. Hier muss und wird technotrans eine technisch- und marktseitig führende Stellung in seinen aktuellen und zukünftigen Segmenten einnehmen. Ein griffiger Slogan hierfür ist noch nicht

---

131 Der „Nordstern" ist heute ein u. a. vom Autor und Coach Dieter Lange geprägter Begriff des verlaufsoffenen übergeordneten Unternehmensziels, ein Ziel, das also nicht klar durch Ort, Zeit und Form definiert ist.

abschließend gefunden. Im Augenblick läuft er unter dem etwas allgemeinen Arbeitstitel „Durch Entwicklung Zukunft gestalten". Er soll für den Anspruch des Unternehmens stehen, nicht nur bei Umweltthemen in seinen Segmenten in erster Reihe qualitativ und quantitativ mitzuspielen, gleichzeitig aber auch an alte Ansprüche des Unternehmens anknüpfen und könnte sich zum neuen „Nordstern" der nächsten Jahrzehnte entwickeln.

Die Firmenzentrale der technotrans SE in Sassenberg heute

Ohne Zweifel wird diese und werden sicher auch heute noch unbekannte Herausforderungen gemeistert werden, so wie sie in den 50 Jahren zuvor ebenfalls gemeistert wurden. Das Unternehmen muss sich dazu nicht neu erfinden. Es lebt lediglich die DNA, die es bisher geprägt hat, um sich auch in Zukunft kontinuierlich den veränderten Zeiten, Märkten und Menschen anzupassen. Aufmerksam und hungrig zu bleiben, wenn die Zeiten gut sind, kreativ und konsequent zu sein, wenn es darum geht, neue oder bereits gesteckte Ziele zu verfolgen oder Probleme zu bewältigen. Wenn es dann auch noch gelingt, den Menschen, seien es Kunden oder Mitarbeiter[132], in den Mittelpunkt zu stellen und bei den stetig

---

132 Auch die Damen beider letztgenannter Fraktionen sind natürlich angesprochen.

199

notwendigen Veränderungen mitzunehmen, dann ist die Zukunft gesichert.

Mehrmals ist uns in diesem Buch der Satz begegnet „technotrans macht Produkte, die keiner kennt". Auch 50 Jahre nach der Unternehmensgründung ist das immer noch so. Doch heute begegnen uns im Gegensatz zu den Anfängen fast überall und über den ganzen Tag hinweg Produkte, an deren Herstellung technotrans beteiligt war, wir wissen es nur meist nicht:

Schlagen wir morgens irgendwo in der Welt eine Zeitung auf, dann haben mit hoher Wahrscheinlichkeit zahlreiche Geräte und Anlagen des Hauses dabei geholfen, diese zu produzieren. Auch die Kaffeemaschine, die uns morgens unseren Kaffee zubereitet, könnte aus einer Spritzgussmaschine stammen, die von technotrans-Produkten versorgt wurde. Fahren wir zur Arbeit, dann können wir, mit etwas Glück, eine moderne Straßenbahn oder einen der neuentwickelten E-Busse erwischen, die mit einer Batteriekühlung von technotrans ausgerüstet sind. Oder wir nehmen unser neues elektrisches Auto: Dann könnten wir es an einer Schnellladesäule aufladen, an der technotrans für die gewünschte Betriebstemperatur des Gleichrichters und des Ladekabels sorgt. Doch auch die vielen Blechkomponenten unserer normalen Autos werden meist mit einer Laserstanze oder -schneidemaschine mit integrierter technotrans-Kühlung gefertigt, tiefgezogene Blechkomponenten könnten vorher mit einer Sprühbeölung in Kontakt gekommen sein, deren Herkunft der eingeweihte Leser ahnt.

Auch die zahllosen Kunststoffkomponenten des täglichen Bedarfs vom Staubsauger über die Trinkflasche bis zum Kugelschreiber kommen oft von Spritzgussmaschinen, die von technotrans-Produkten gekühlt oder temperiert werden. Haben Sie dann am späten Nachmittag noch einen Arzttermin, kann es sein, dass dort ein gekühlter Laser zum Einsatz kommt, um ihr Narbengewebe zu glätten oder ein inzwischen ungeliebtes Tattoo zu entfernen. Oder wir entscheiden uns noch zu einer Flugreise, um am nächsten Morgen einen Termin wahrzunehmen. Unser Gepäck könnte am Flughafen einen hochmodernen Scanner durchlaufen, den technotrans auf ein exakt definiertes Temperaturniveau hält. Und abends, egal ob zu Hause oder in einem Hotel, greifen wir vielleicht noch zu einer Zeitschrift oder gar einem Buch, das auch ... Sie wissen es schon. Schenken wir uns daher das Etikett der Wein- oder Bierflasche, die dann oft neben uns steht, damit es nicht zu unübersichtlich wird.

Nun kennen Sie, liebe Leserinnen und Leser dieses Buches, nicht nur eine Menge der unter jedem Radar öffentlicher Wahrnehmung stehender Produkte dieses Unternehmens, sondern sogar dessen spannende, fast ein wenig abenteuerliche Geschichte. Eine Geschichte, die von den aktuell handelnden Mitarbeiterinnen und Mitarbeitern auch in Zukunft jeden Tag aufs Neue fortgeschrieben werden wird.

„Die Zukunft gehört denen, die die Möglichkeiten erkennen, bevor sie offensichtlich werden." Dieser Satz von Oskar Wilde soll als letztes Zitat am Ende dieses Buches stehen. Die technotrans SE hat es geschafft, 50 stattliche Jahre alt zu werden, ein Alter, welches den wenigsten Unternehmen dieser Welt vergönnt ist. Sie hat es oft verstanden, diese Möglichkeiten zu erkennen, dabei große Erfolge errungen und leider auch bittere Niederlagen einstecken müssen. Höhen und Tiefen des Geschäftslebens haben dabei auf verschiedensten Ebenen eine Kultur geprägt, die auf eine prosperierende Zukunft vertrauen lässt, eine Zukunft, die sie zu neuen Erfolgen führen und unvermeidliche Niederlagen bewältigen lassen wird. Eine Kultur, die verinnerlicht hat, was schon im alten Griechenland niedergeschrieben wurde: „panta rhei", alles ist im Werden, in unaufhörlicher Bewegung, alles fließt.

Ende

Epilog:

Jede halbwegs haltbare historische Betrachtung braucht einen gewissen zeitlichen Abstand. Einen Abstand, der es ermöglicht, die Dinge in einem größeren Zusammenhang zu sehen. Schließlich ist es die Aufgabe des Chronisten, nicht nur Geschehenes minutiös und faktenreich, hier und da sogar mit einem nachsichtigen Augenzwinkern, zu beschreiben, sondern es bestenfalls auch an seinen Auswirkungen zu messen. Dass genau diese Auswirkungen im Zeitverlauf durchaus anders gesehen oder interpretiert werden, durften wir an verschiedenen Stellen dieses Buches erleben.

Daher muss sich, je näher wir dem Erscheinungsdatum dieses Buches kommen, eine deutliche Verkürzung des zu Berichtenden ergeben. Schließlich sollen auch nachfolgende Chronisten Gelegenheit und Material haben, um den Teil zur Geschichte des Unternehmens beizutragen, der heute noch in ferner Zukunft liegt, zu dem bereits aber heute die Chancen und Risiken durch das aktuelle Handeln gelegt werden.

Die sehr spezielle und immer höchst ureigene Geschichte ist das Fundament, auf dem jedes Unternehmen steht. Sie hat es geprägt, so wie sie auch von der Zukunft geprägt werden wird. Es ist nur menschlich, dass manche Elemente dabei wohlwollend in ein gnädiges Licht getaucht wurden, Elemente die zum Zeitpunkt des Geschehens als aufregend oder sogar äußerst ärgerlich wahrgenommen wurden, manche aber, wie sie gesehen haben, auch durchaus nicht, da sie den Fortgang der Geschichte verständlich machen.

Ob es dennoch gelungen ist, den Geist des Unternehmens, im Text oft als DNA bezeichnet, im Rahmen dieses Buches halbwegs einzufangen, möge der geneigte Leser entscheiden. Der Autor ist sich sicher, dass die Erinnerung an manchen schönen, hier nicht beschriebenen Erfolg und gnädig verdrängte Niederlagen sowie unzählige kleine Anekdoten oder Begebenheiten auch außerhalb dieses Buches weiterleben werden, ja sogar müssen. Bestenfalls wird dann nämlich alles zusammen auch die zukünftige DNA der Firma und deren stete Weiterentwicklung prägen.

Es wurde bewusst darauf verzichtet, jede einzelne personelle Änderung im Management und in den Gremien, sprich Vorstand und Aufsichtsrat des Unternehmens, ausführlich zu erwähnen. Dies ist in aller Regel lediglich der Straffung und dem Fluss der Geschichte geschuldet und mindert keinesfalls das Wirken oder die Einsatzbereitschaft der betreffenden Personen. Gleiches gilt für Ereignisse und Begebenheiten, die zu stark in die Persönlichkeitsrechte Einzelner eingegriffen hätten oder deren Erwähnung explizit nicht gestattet wurde.

Kann es zwölf, sicher mit Bedacht gewählten Kapiteln und fast 50.000 mehr oder weniger passenden Worten überhaupt gelingen, ein halbwegs objektives Bild der Vergangenheit zu zeichnen? Gilt das erst recht auch für den sehr ernst gemeinten, aber noch vorsichtigen Blick in die nahe Zukunft? Wohl eher nicht, aber man kann es im Rahmen des Möglichen versuchen. Trotz des umfangreichen Gegenlesens und der daraus resultierenden zahlreichen Korrekturen und Ergänzungen zahlreicher Insider dieser Geschichte, wird ein Buch dieser Prägung entgegen allen ernsthaften Bemühungen am Ende immer noch eine subjektive Erzählung bleiben. Dafür bitte ich um Verständnis.

Danksagung:

Die umfangreiche Recherche zu diesem Buch, die Ausführung und redaktionelle Bearbeitung bedurfte der Unterstützung zahlreicher Personen, die mit großem Engagement und Zeiteinsatz dieses Projekt in unterschiedlichster Form begleitet haben. Alle hier angeführten haben dieses Buch in seinen verschiedenen Entstehungsformen gelesen, ihre Kommentare, Korrekturen und Ergänzungen dazu beigetragen und halfen so mit, ein halbwegs objektives Bild der Unternehmensgeschichte zu entwickeln.

Ganz besonders bedanken möchte sich der Autor daher bei den folgenden aktuellen und ehemaligen Mitarbeitern sowie anderweitig Beteiligten (in alphabetischer Reihenfolge):

Josef Altenseuer, Martina Assenmacher, Karl-Heinz Baier, Henry Brickenkamp, Dr. Norbert Bröcker, Josy Böhnensieker, Friedel Deuter, Dirk Engel, Karl Ertl, Andreas Harig, Dietger Hesekamp, Peter Hirsch, Heinz Mertens, Matthias Laudick, Hendirk Niestert, Werner Nübel, Hubert Peick, Ulrich Pelster, Alois Scharf, Joachim Simmroß, John A. Stacey, Timo Sterzl, Hubert Oberscheidt, Joachim Voss, Christian Walczyk, Hilmar Welpelo.

Mein Dank gilt auch den an der konkreten Erstellung dieses Buches Beteiligten. Dies sind insbesondere Sophia Schalthoff für das Lektorat, Anna Docenko für das Layout und Bastian Mühlmeyer für die Gesamtherstellung, alle Mitarbeiter des Verlags PMGi.

Sollten sich Fehler eingeschlichen haben, so liegen diese allein im Verantwortungsbereich des Autors. Er bittet diese höflich zu entschuldigen und wäre für Richtigstellungen zum Zwecke der Korrektur eventueller künftiger Auflagen dankbar. Sie erreichen ihn unter: heinz.harling@t-online.de.

Register im Text genannter Personen und Firmen:

Wendezeit

*Ein spannender Wirtschaftskrimi
im Seglermillieu*

ISBN 978-3-8370-2318-3
Auch als E-Book erhältlich

Heinz Harling

Golf m or d
sp   t

Ein (witziger und sehr westfälischer) Golfkrimi
mit (wunderlichem) „Kleinem Golflexikon"

Golfmord

Ein (witziger und sehr westfälischer)
Golfkrimi mit (wunderlichem)
„Kleinem Golflexikon"

ISBN 978-3-8391-5568-4
Auch als E-Book erhältlich